Nitze/Bretschneider/Liebhart

Musterklausuren Disziplinarrecht für die Bundespolizei

Musterklausuren Disziplinarrecht für die Bundespolizei

Hauptstudium I und II
im modularisierten Studiengang
für den gehobenen Polizeivollzugsdienst
in der Bundespolizei

von

Prof. Dr. Konstantin Nitze, LL.M. (Birmingham)

Prof. Dr. Harald Bretschneider, LL.M. (Cardiff)

ORR Jürgen Liebhart, Dipl.-Verww. (FH)

Hochschule des Bundes
für öffentliche Verwaltung
– Fachbereich Bundespolizei –
Lübeck

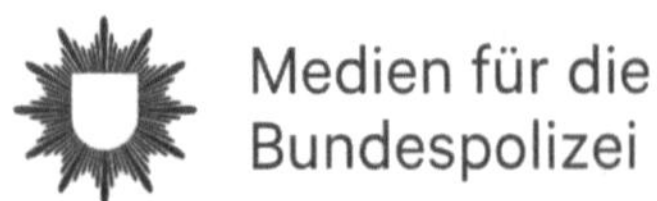

Die Herstellung bei KSV Medien erfolgt weitgehend digital und in dem Bewusstsein, eine möglichst ressourcenschonende Produktion zu gewährleisten.

Bibliografische Information der Deutschen Nationalbibliothek
Die Deutsche Nationalbibliothek verzeichnet diese Publikation in der Deutschen Nationalbibliografie; detaillierte bibliografische Daten sind im Internet über http://dnb.dnb.de abrufbar.

2. Auflage 2024

Satz: Kumpernatz + Bromann · Schenefeld b. Hamburg
Druck und Bindung: CPI books

ISBN 978-3-8293-1908-9

Inhalt

A. Allgemeine Hinweise für die Klausurbearbeitung

Bei der Bewertung von Klausuren fallen immer wieder bestimmte vermeidbare Fehler bei der Klausurbearbeitung auf, welche zu schlechten Noten oder gar zum Nichtbestehen der Klausur führen. Um diesem Problem vorzubeugen, werden im Folgenden Hinweise zu den wesentlichen allgemeinen Regeln der Klausurbearbeitung gegeben.

I. Lesen Sie den Sachverhalt und die Aufgabenstellung sorgfältig durch!

Besonders ärgerlich ist es, wenn man in der Klausur Fehler macht, die nicht auf lückenhaftes Wissen, sondern auf oberflächliche Lektüre der Aufgabenstellung zurückzuführen sind. Der Sachverhalt, sofern vorhanden, enthält stets wichtige Informationen für die rechtliche Prüfung. Die Aufgabenstellung bzw. Fallfrage gibt vor, welche Aspekte geprüft werden müssen und welche nicht. Bei nur oberflächlicher Kenntnisnahme besteht die Gefahr, dass Sie Punkte ansprechen, nach denen überhaupt nicht gefragt wurde. Dies führt zu Mehraufwand während der Bearbeitung und erheblichem Punktabzug bei der Bewertung, da Ihnen für die bewertungsrelevanten Punkte weniger Zeit verbleibt.

II. Arbeiten Sie die einschlägige Rechtsgrundlage heraus, definieren Sie deren Tatbestandsmerkmale und wenden Sie diese auf den Sachverhalt an!

Eine rechtliche Prüfung verlangt in aller Regel zunächst das exakte Benennen der einschlägigen Rechtsgrundlage (z. B. § 17 I 1 BDG bei der Frage, ob die Pflicht zur Einleitung eines Disziplinarverfahrens besteht, oder § 38 I BDG bei der Frage, ob eine Suspendierung ausgesprochen werden darf). Das allein genügt jedoch nicht. In einem zweiten Schritt müssen deren relevante Tatbestandsmerkmale näher beschrieben, d. h. definiert, werden. Dieser Prozess erfordert umso mehr Aufwand, je unbestimmter die Tatbestandsmerkmale sind. Erst danach ist es möglich, die einzelnen, zuvor näher beschriebenen Tatbestandsmerkmale auf den jeweiligen Lebenssachverhalt im Rahmen der Subsumtion anzuwenden. Eine Darstellung, in der diese Arbeitsschritte nicht erfolgen, stellt keine rechtswissenschaftlich anerkannte und nachvollziehbare Prüfung, sondern lediglich eine unbegründete Behauptung eines als korrekt vermuteten Ergebnisses dar.

III. Setzen Sie Schwerpunkte!

Von den einzelnen rechtlichen Prüfungsschritten ist regelmäßig nicht jeder Schritt im Rahmen der Bewertung gleich gewichtet. Punkteträchtig sind in der Regel Ausführungen zu den einzelnen relevanten Tatbestandsmerkmalen der einschlägigen Rechtsgrundlage. Insbesondere die Definition unbestimmter Rechtsbegriffe und die Anwendung der Tatbestandsmerkmale auf den jeweiligen Lebenssachverhalt (Subsumtion) stehen hier im Mittelpunkt. Darüber hinaus kommt Ausführungen zur Verhältnismäßigkeit – insbesondere der Abwägung zwischen den betroffenen Rechtsgütern – regelmäßig eine größere Relevanz zu.

Weniger stark gewichtet sind hingegen Tatbestandsmerkmale bzw. Prüfungspunkte, die offenkundig gegeben sind oder für welche der Sachverhalt keine Anhaltspunkte liefert. Beispielsweise kann und sollte der Prüfungspunkt „Pflichtwidrigkeit“ im Rahmen der Prüfung eines Dienstvergehens eher kurz abgehandelt werden, wenn dem Sachverhalt keine Anhaltspunkte für eine mögliche Rechtfertigung zu entnehmen sind. Weiterhin stellt der Prüfungspunkt „Beamteneigenschaft/Anwendbarkeit des BBG“ immer dann kein Problem dar, wenn es sich um Polizeivollzugsbeamte des Bundes handelt. Hier ist kein Fall denkbar, in dem die Prüfung an diesem Punkt scheitern könnte.

Darüber hinaus können Aspekte der formellen Rechtmäßigkeit (hier insbesondere Zuständigkeit, Verfahren und Form) in der Regel kurz abgehandelt werden, wenn sich aus dem Sachverhalt keine Besonderheiten ergeben. Allerdings ist es bei bestimmten Fallkonstellationen möglich, dass die formelle Rechtmäßigkeit sogar einen Schwerpunkt der Prüfung bildet. Um dies zu erkennen, kommt es auf eine gute Sachverhaltsanalyse an.

Zur besseren Orientierung sind bei den Klausuraufgaben und Prüfungspunkten in diesem Buch die Gewichtungen bei der Bewertung in Prozent angegeben.

IV. Strukturieren Sie Ihre Ausführungen und formulieren Sie ansprechend!

Eine gute juristische Darstellung zeichnet sich vor allem durch eine erkennbare und nachvollziehbare innere und äußere Struktur aus.

Bei der inneren Struktur kommt es darauf an, dass Ihre Ausführungen der anerkannten juristischen Arbeitstechnik entsprechen. Hierbei sind insbesondere das Definieren von Tatbestandsmerkmalen und die Unterordnung des Lebenssachverhalts unter die definierten Tatbestandsmerkmale (Subsumtion) von zentraler Bedeutung. Zudem muss die Darstellung in sich schlüssig und nachvollziehbar sein. Wenn Sie beispielsweise die zu prüfenden Tatbestandsmerkmale der Rechtsgrundlage benennen, müssen die genannten Kriterien in der folgenden Darstellung sämtlich angesprochen und geprüft werden. Es darf also kein zuvor herausgearbeitetes Kriterium fehlen und es dürfen keine Prüfungspunkte auftauchen, die zuvor nicht herausgearbeitet wurden. Der Leser darf sich zu keinem Zeitpunkt fragen, was eigentlich gerade geprüft wird und warum. Leider ist dies ein wesentlicher Mangel, der in vielen Klausuren auftaucht.

Eine gute äußere Struktur bedeutet, dass die Grundstruktur Ihrer Ausführungen für den Korrektor möglichst auf den ersten Blick erkennbar sein sollte. Ein probates Mittel hierfür sind Überschriften, Absätze und Leerzeilen. Niemand hat Lust, eine Klausurlösung zu lesen, die aus nur einem Absatz besteht und sich über viele Seiten erstreckt. Wenn den Ausführungen dann zusätzlich noch die innere Struktur fehlt, ist der Text völlig unbrauchbar. Zeigen Sie also durch Überschriften, Absätze und präzise Einleitungs- bzw. Obersätze, welcher Prüfungsschritt gerade erfolgt, wann dieser abgeschlossen ist und wo ein neuer beginnt.

Zusätzlich zur Struktur müssen die einzelnen Ausführungen ansprechend, d. h. mit gutem Ausdruck und unter Verwendung korrekter Fachterminologie, formuliert sein. Umgangssprachliche Formulierungen sollten hier ebenso vermieden werden wie ungenaue oder abgewandelte Fachbegriffe.

So ist es zum Beispiel nicht zulässig, das Disziplinarverfahren als „Diszi" zu bezeichnen, auch dann nicht, wenn dies vorher als verwendete Abkürzung angekündigt wurde. Ein weiteres Beispiel ist, dass die Begriffe „Dienstpflichtverletzung" und „Dienstvergehen" nicht synonym verwendet werden dürfen, da eine Dienstpflichtverletzung nur eine von mehreren Voraussetzungen ist, die für ein Dienstvergehen vorliegen müssen.

B. Prüfungsstruktur

I. Prüfungsschema zum Dienstvergehen gemäß § 77 I BBG

In den Klausuren zum materiellen Disziplinarrecht ist in der Regel zu untersuchen, ob bestimmte Beamte durch ihr im Sachverhalt geschildertes Verhalten ein Dienstvergehen gemäß § 77 I BBG begangen haben. Diese Prüfung kann anhand des folgenden Prüfungsschemas erfolgen. Zusätzlich dazu sind auch einzelne Wissensfragen möglich, die allerdings in der Bewertung regelmäßig deutlich geringer gewichtet sind.

Obersatz:

P hat ein Dienstvergehen gemäß § 77 I BBG begangen, wenn er als Beamter schuldhaft die ihm obliegenden Pflichten verletzt hat.

1. Beamteneigenschaft / Anwendbarkeit des BBG

- für alle Polizeivollzugsbeamte des Bundes gemäß § 1 BBG i. V. m. § 2 BPolBG gegeben
- Eigenschaft als Polizeivollzugsbeamter ergibt sich aus Amtsbezeichnung i. V. m. § 1 der Verordnung zu § 1 I BPolBG

2. Unterteilung nach Vorfällen und Abgrenzung nach innerdienstlich und außerdienstlich

- **Zunächst**: Unterteilung nach Vorfällen **in tatsächlicher Hinsicht**
- **Danach**: Prüfung für jeden Vorfall, ob innerdienstlich oder außerdienstlich begangen
- **maßgebliches Kriterium**: materieller Dienstbezug
  - gegeben, wenn Verhalten **inhaltlich** mit der Amtsausübung oder dem Amt zu tun hat (sog. funktionaler Zusammenhang mit dem Amt bzw. der dienstlichen Tätigkeit)
- **nicht maßgeblich, aber mit Indizwirkung**: räumlicher oder zeitlicher Zusammenhang zum Dienstbetrieb (sog. formeller Dienstbezug)

- **materieller** Dienstbezug ist auch gegeben, wenn sich das Verhalten der betroffenen Person aus Sicht eines neutralen Dritten nicht als das einer Privatperson ansehen lässt

  → relevant insb. bei „Insignien der Amtsträgerschaft" (Dienst-Kfz, Uniform, Dienstausweis)

3. Prüfung der verletzten Dienstpflichten

- gesonderte Prüfung für jeden unter 2. identifizierten Vorfall

a) Prüfung der konkreten Dienstpflicht

- zu prüfende/verletzte Dienstpflicht präzise benennen
  - **ungenau**: Dienstpflicht gemäß § 62 BBG, **sondern**: Folgepflicht gemäß § 62 I 2 BBG

> **Beachte:** Im Rahmen eines Vorfalls können mehrere Dienstpflichten verletzt worden sein. In diesem Fall müssen alle einschlägigen Dienstpflichten nacheinander geprüft werden

- Tatbestand der jeweiligen Dienstpflicht **definieren und subsumieren** (juristischer Gutachtenstil)

> Formulierungsbeispiel zum Gutachtenstil:
>
> (1) These:
> P könnte seine Dienstpflicht gemäß § … verletzt haben.
>
> (2) Definition:
> Die Dienstpflicht gemäß § … ist dadurch gekennzeichnet, dass …
>
> (3) Subsumtion:
> Vorliegend hat P … [hier den Sachverhalt bzw. das Verhalten des P anhand der unter (2) dargestellten Merkmale werten]
>
> (4) Konklusion:
> Somit hat P die Dienstpflicht gemäß § ... verletzt/nicht verletzt.

b) Bei innerdienstlichen Pflichtverletzungen: Berücksichtigung der Bagatellgrenze

- Dienstpflichtverletzungen sind disziplinarrechtlich irrelevant, wenn sie die Funktionsfähigkeit und/oder die Integrität des öffentlichen Dienstes nur unwesentlich beeinträchtigen.

c) Bei außerdienstlichen Pflichtverletzungen: Prüfung des § 77 I 2 BBG

- Außerdienstliches Fehlverhalten muss im konkreten Einzelfall *in besonderem Maße* geeignet sein, das Vertrauen in einer für das Amt des Beamten oder das Ansehen des Beamtentums *bedeutsamen Weise* zu beeinträchtigen.

4. Pflichtwidrigkeit/Rechtswidrigkeit

- durch objektiv verletzte Dienstpflicht indiziert
- kann durch Rechtfertigungsgründe entfallen

5. Schuldhaftigkeit

- **mögliche Schuldformen**: Vorsatz und Fahrlässigkeit bzgl. der Pflichtverletzung
- **Vorsatzarten**: dolus directus 1. Grades (Absicht), dolus directus 2. Grades (Wissentlichkeit), Eventualvorsatz (billigendes Inkaufnehmen)
- **Fahrlässigkeit**: liegt vor, wenn der Beamte die Dienstpflichtverletzung objektiv erkennen musste und subjektiv erkennen konnte, aber davon ausging, nicht gegen Dienstpflichten zu verstoßen
- ggf. Prüfung von (strafrechtlichen) Entschuldigungs- und Schuldausschließungsgründen

6. Ergebnis / Einheit des Dienstvergehens

- Mehrere Dienstpflichtverletzungen eines Beamten bilden gemäß § 77 I 1 BBG ein einheitliches Dienstvergehen.

II. Hinweise zur Prüfung im formellen Disziplinarrecht

Im Unterschied zum materiellen Disziplinarrecht bestehen die Klausuren im formellen Disziplinarrecht in der Regel nicht aus einem zusammenhängenden Sachverhalt, der anhand eines Prüfungsschemas zu bearbeiten ist. Vielmehr sind die Prüfungen hier aus mehreren Teilfragen zusammengesetzt. Dabei kann es sich um reine Wissensfragen oder um kleinere Sachverhalte handeln, die rechtlich zu bewerten sind.

Insofern ist die Klausur im formellen Disziplinarrecht weniger vorhersehbar. Dies braucht Sie allerdings nicht zu beunruhigen. Sofern Sie die juristische Arbeitstechnik beherrschen und sich systematisches Verständnis im Disziplinarverfahrensrecht angeeignet haben, sind die Prüfungsaufgaben in aller Regel gut zu bewältigen.

C. Musterklausuren zum materiellen Disziplinarrecht

Musterklausur 1: Aufnahmerituale

(angelehnt an VG Düsseldorf, Urt. vom 22.3.2018 – 35 K 10700/16.O, 35 K 10458/16.O und 35 K 9371/16.O)

Sachverhalt

Eine Gruppe von insgesamt acht Polizeivollzugsbeamtinnen und Polizeivollzugsbeamten der Bundespolizeiinspektion Nürnberg unternimmt außerhalb der Dienstzeit eine gemeinsame Fahrt nach Südtirol, um dort das Ende der Probezeit zweier jüngerer Beamter zu feiern. Neben Clubbesuchen und Alkoholkonsum finden verschiedene „Aufnahmerituale" für die jüngeren Beamten statt.

Zunächst werden die Betroffenen von den sechs älteren Beamtinnen und Beamten abends mit Handschellen aneinandergefesselt und müssen so eine Nacht gemeinsam verbringen. Danach werden sie dazu angehalten, ekelerregend schmeckendes Eis zu essen, das sich im Bereich der Oberschenkel eines anderen Beamten befindet. Schließlich wird ihnen eine Tauchermaske aufgesetzt und Bier über den Luftschlauch eingeführt.

Da sich die beiden jüngeren Beamten freiwillig an der Fahrt und den Aufnahmeritualen beteiligen, wird das wegen des Vorfalls eingeleitete strafrechtliche Ermittlungsverfahren nach kurzer Zeit von der Staatsanwaltschaft eingestellt.

Aufgabe 1

Haben die sechs älteren Beamtinnen und Beamten Dienstvergehen begangen? (90 %)

Gehen Sie gutachterlich (ggf. hilfsgutachterlich) auf alle im Sachverhalt aufgeworfenen Fragestellungen ein.

> ***Hinweis:*** *Bei der Bearbeitung ist davon auszugehen, dass alle sechs älteren Beamtinnen und Beamten gleichermaßen an der Durchführung der Aufnahmerituale beteiligt waren.*

Aufgabe 2

Beschreiben Sie kurz, inwiefern sich Prüfung und Ergebnis unter 1. ändern würden, wenn nur eine bzw. einer der sechs älteren Beamtinnen und Beamten die Aufnahmerituale durchgeführt und die anderen sie oder ihn lediglich durch im Einzelnen beschriebene unterschiedliche Handlungen dabei unterstützt bzw. sie oder ihn angestiftet hätten? (10 %)

Lösungsskizze zur Musterklausur 1

Aufgabe 1 (90 %)

I. Beamteneigenschaft (5 %)

II. Abgrenzung innerdienstlich/außerdienstlich (20 %)
   - Hier: außerdienstlich

III. Rechtliche Prüfung der verletzten Dienstpflichten (50 %)
   1. Verletzung der Wohlverhaltenspflicht gemäß § 61 I 3 BBG
      - Hier: Pflicht zum kollegialen Verhalten (+)
   2. Voraussetzungen des § 77 I 2 BBG
      - Hier (+)

IV. Pflichtwidrigkeit (5 %)

V. Schuldhaftigkeit (5 %)
   - Hier: Eventualvorsatz

VI. Einheit des Dienstvergehens

VII. Ergebnis (5 %)

Aufgabe 2 (10 %)

- keine strafrechtlichen Beteiligungsformen im Disziplinarrecht, sondern jeweils eigenständige Dienstvergehen

Lösungsvorschlag zur Musterklausur 1

Aufgabe 1 (90 %)

Obersatz (5 %):

Das Verhalten der sechs Beamtinnen und Beamten stellt gemäß § 77 I BBG jeweils ein Dienstvergehen dar, wenn diese schuldhaft die ihnen obliegenden Pflichten verletzt haben.

> ***Hinweis:*** *Da zwischen den einzelnen Handlungen der sechs Beamtinnen und Beamten im Sachverhalt nicht näher differenziert wird, wäre es an dieser Stelle nicht sinnvoll, die einzelnen Beamtinnen und Beamten getrennt zu prüfen. Dies würde nur zu Wiederholungen und ständigen Verweisen nach oben führen.*

I. Beamteneigenschaft (5 %)

Die sechs Beamtinnen und Beamten sind Polizeivollzugsbeamte der Bundespolizei, sodass für sie gemäß § 1 BBG i. V. m. § 2 BPolBG die allgemeinen beamtenrechtlichen Vorschriften – und damit auch das BBG – anwendbar sind.

II. Abgrenzung innerdienstlich/außerdienstlich (20 %)

> ***Hinweis:*** *An dieser Stelle ist keine Unterteilung nach Vorfällen o. Ä. notwendig, da dem Sachverhalt keine Anhaltspunkte zu entnehmen sind, die für eine unterschiedliche Kategorisierung der einzelnen Aufnahmerituale in inner- und außerdienstlich sprechen. Insbesondere fanden alle Aufnahmerituale wegen desselben Anlasses außerhalb der Dienstzeit am Urlaubsort in Südtirol statt.*

Fraglich ist, ob es sich bei den Aufnahmeritualen um einen inner- oder außerdienstlichen Vorfall handelt. Das maßgebliche Kriterium zur Abgrenzung zwischen inner- und außerdienstlichen Vorfällen ist der sog. materielle Dienstbezug. Danach kommt es für die Kategorisierung eines Vorfalls als innerdienstlich darauf an, ob ein inhaltlicher oder funktionaler Zusammenhang mit dem Amt bzw. der Beamteneigenschaft oder der dienstlichen Tätigkeit des jeweiligen Beamten besteht. Nicht maßgeblich, aber mit Indizwirkung, ist hingegen der sog. formelle Dienstbezug, d. h. der räumliche oder zeitliche Zusammenhang mit der Dienstausübung.

Vorliegend finden die Aufnahmerituale während einer privaten Fahrt außerhalb der Dienstzeit statt, wodurch mangels eines formellen Dienstbezugs ein außerdienstlicher Vorfall indiziert ist. Für diese Einordnung spricht auch der fehlende inhaltliche Bezug zum Amt oder der dienstlichen Tätigkeit der Beamtinnen und Beamten. Zwar feierten die Beamten mit der Fahrt und den Aufnahmeritualen das Ende der Probezeit, wodurch ein gewisser Bezug zur Beamteneigenschaft hergestellt wird. Jedoch genügt es für die Annahme der Innerdienstlichkeit nicht, dass für inhaltlich rein private Handlungen ein dienstlicher Anlass gewählt wird. Vielmehr ist erforderlich, dass die betroffenen Handlungen selbst einen inhaltlichen Bezug zum Amt oder der dienstlichen Tätigkeit aufweisen. Dies ist hier nicht der Fall. Folglich handelt es sich bei den Aufnahmeritualen um einen außerdienstlichen Vorfall.

Hinweis: *Eine andere Auffassung ist hier nur schwer vertretbar.*

III. Rechtliche Prüfung der verletzten Dienstpflichten (50 %)

1. Verletzung der Wohlverhaltenspflicht gemäß § 61 I 3 BBG

Vorliegend könnte durch die Durchführung der Aufnahmerituale die Wohlverhaltenspflicht verletzt worden sein. Danach muss das Verhalten von Beamtinnen und Beamten der Achtung und dem Vertrauen des Dienstherrn und der Allgemeinheit gerecht werden, die ihr Beruf erfordert. Hierunter fallen grundsätzlich alle amtsunangemessenen Verhaltensweisen, die von keiner spezielleren Dienstpflicht erfasst sind. Der vorliegend betroffene Unterfall der Wohlverhaltenspflicht ist die Pflicht des Beamten zum achtungsvollen, höflichen und rücksichtsvollen Verhalten gegenüber Kollegen (Gebot der Kollegialität).

Die von den sechs älteren Beamtinnen und Beamten initiierten Aufnahmerituale in Form des Fesselns über Nacht, des Eisessens sowie des Biertrinkens mit Tauchermaske lassen auf fehlende Achtung und Rücksicht gegenüber den jüngeren Kollegen schließen. Bei allen Handlungen handelt es sich um für die Betroffenen unangenehme und herabwürdigende Behandlungen, deren Stattfinden nicht durch plausible Gründe gerechtfertigt werden kann.

Etwas anderes ergibt sich auch nicht daraus, dass die jüngeren Beamten freiwillig an den Aufnahmeritualen teilnahmen. Zwar war die Freiwilligkeit maßgeblich für die fehlende strafrechtliche Relevanz der Handlungen (insbesondere in Bezug auf Verdachtsmomente wegen Nötigung gemäß § 240 StGB und Freiheitsberaubung gemäß § 239 StGB). Dies führt vorliegend jedoch nicht dazu, dass auch eine Qualifikation als Dienstvergehen ausscheidet. Achtung und Vertrauen der Allgemeinheit in die Beamtenschaft erfordern ein Unterlassen unkollegialen Verhaltens auch dann, wenn dies mit Einverständnis der Betroffenen erfolgt. Dies gilt insbesondere dann, wenn – wie im vorliegenden Fall – herabwürdigende und besonders unangenehme Behandlungen gegeben sind. Daher haben die sechs älteren Beamten mit der Durchführung der Aufnahmerituale die Wohlverhaltenspflicht gemäß § 61 I 3 BBG verletzt.

> ***Hinweis:*** *Eine andere Auffassung ist hier nur schwer vertretbar, bei entsprechender Argumentation jedoch nicht ausgeschlossen.*

2. Voraussetzungen des § 77 I 2 BBG

Da es sich vorliegend um einen außerdienstlichen Pflichtenverstoß handelt, müssten die Voraussetzungen des § 77 I 2 BBG gegeben sein. Danach muss eine Pflichtverletzung nach den Umständen des Einzelfalles in besonderem Maße geeignet sein, das Vertrauen in einer für das Amt der handelnden Beamtinnen und Beamten oder das Ansehen des Beamtentums bedeutsamen Weise zu beeinträchtigen.

Die Initiationsrituale stellten eine herabwürdigende und für die Betroffenen besonders unangenehme Behandlung dar. Derartige Verhaltensweisen in der Beamtenschaft sind in besonderem Maße dazu geeignet, das Vertrauen der Allgemeinheit und die Integrität des Beamtentums in bedeutsamer Weise zu beeinträchtigen. Vom öffentlichen Dienst wird in besonderem Maße eine an sachlichen Gesichtspunkten ausgerichtete effektive und rechtmäßige Aufgabenerfüllung erwartet. Herabwürdigende Rituale werden diesen Anforderungen an einen modernen öffentlichen Dienst in keiner Weise gerecht. Folglich liegen die Voraussetzungen des § 77 I 2 BBG vor.

> ***Hinweis:*** *Eine andere Auffassung ist mit guter Argumentation vertretbar.*

IV. Pflichtwidrigkeit (5 %)

Die sechs älteren Beamtinnen und Beamten handelten pflichtwidrig. Die Pflichtwidrigkeit wird durch Verwirklichung des objektiven Dienstpflichttatbestands indiziert. Rechtfertigungsgründe sind nicht ersichtlich.

V. Schuldhaftigkeit (5 %)

Die sechs älteren Beamtinnen und Beamten müssten auch schuldhaft gehandelt haben. Darunter ist vorsätzliches oder fahrlässiges Handeln bzgl. der Pflichtverletzung zu verstehen.

Es ist davon auszugehen, dass die Betroffenen als ausgebildete und erfahrene Polizeivollzugsbeamtinnen und -beamte bei herabwürdigender Behandlung von jüngeren Kollegen zumindest die Möglichkeit der Verletzung der Wohlverhaltenspflicht erkannten und diese billigend in Kauf nahmen. Daher liegt mindestens Eventualvorsatz vor.

> ***Hinweis:*** *Jedenfalls hätten die Beamtinnen und Beamten den Verstoß erkennen müssen. Bei Verneinung des Vorsatzes liegt daher zumindest Fahrlässigkeit vor.*

VI. Einheit des Dienstvergehens

> ***Hinweis:*** *Da nur eine Pflichtverletzung in Betracht kommt und geprüft wurde, ist der Prüfungspunkt entbehrlich. Ein Fehler wäre es, die (identischen) Pflichtverletzungen der sechs verschiedenen Beamtinnen und Beamten zu einem Dienstvergehen zusammenzufassen. Die Einheit des Dienstvergehens bezieht sich nur auf verschiedene Pflichtverletzung derselben Beamtin bzw. desselben Beamten.*

VII. Ergebnis (5 %)

Die sechs älteren Beamtinnen und Beamten haben jeweils ein Dienstvergehen gemäß § 77 I BBG begangen.

Aufgabe 2 (10 %)

Im Rahmen der Prüfung der Dienstpflichtverletzung müssten die einzelnen Beihilfe- bzw. Anstiftungshandlungen gesondert geprüft und subsumiert werden. Im Ergebnis gibt es allerdings im Disziplinarrecht, anders als im Strafrecht, keine Anstiftung bzw. Beihilfe zu einem Dienstvergehen. Vielmehr würden diese Handlungen bei Überschreiten der Erheblichkeitsschwelle des § 77 I 2 BBG eigenständige Dienstvergehen darstellen.

> ***Hinweis:*** *Hier muss erkannt werden, dass aufgrund der Gewichtung von lediglich 10 % sowie der Formulierung der Aufgabenstellung („Beschreiben Sie kurz ...") und mangels Angaben zu konkreten Anstiftungs- bzw. Unterstützungshandlungen im Sachverhalt keine vollständige Prüfung wie unter 1. verlangt sein kann.*

Musterklausur 2: Marihuana für den Eigenbedarf

Sachverhalt

Die Polizeivollzugsbeamtin der Bundespolizei P hat seit einigen Monaten Probleme damit, ihre psychisch und physisch anstrengende Tätigkeit bei der Grenzpolizei zu verarbeiten. Insbesondere fällt es ihr zunehmend schwerer, nach Dienstschluss abzuschalten und einzuschlafen. Als sich ihr Hausarzt weigert, ihr deshalb Marihuana zu verschreiben und stattdessen zu einer üblichen Standardtherapie rät, beschließt sie, sich Marihuana auf dem Schwarzmarkt zu besorgen.

Hierzu begibt sie sich innerhalb von drei Monaten nach Dienstschluss in Zivilkleidung insgesamt sechsmal in den Görlitzer Park in Berlin und kauft dort – stets nach Verbrauch der zuvor erworbenen Menge – jeweils 8 Gramm Marihuana. Dabei sucht sie immer denselben Dealer auf, mit welchem sie sich bereits beim ersten Kauf anfreundet und in Kontakt bleibt. Aufgrund der geringen Menge und der Nichtgefährdung Dritter stellt die Staatsanwaltschaft Berlin ein zunächst gegen P eingeleitetes Ermittlungsverfahren wegen Verstößen gegen das BtMG ein.

P ist der Auffassung, ihr Marihuana-Konsum befinde sich im Einklang mit ihren dienstlichen Pflichten, da sie stets nur geringe Mengen besorgt, keine Dritten gefährdet und durch den verbesserten Schlaf ihre dienstliche Leistungsfähigkeit erhöht habe. Weiterhin sei sie durch ihre Kleidung nicht als Polizeivollzugsbeamtin zu erkennen gewesen.

Aufgabe

Stellt das Verhalten der P ein Dienstvergehen dar?

Gehen Sie gutachterlich (ggf. hilfsgutachterlich) auf alle im Sachverhalt aufgeworfenen Fragestellungen ein. Auf die §§ 29 I, V, 31a I BtMG wird hingewiesen.

Auszug aus dem Berliner Landesrecht:

Gemeinsame Allgemeine Verfügung zur Umsetzung des § 31 a BtMG (Umgang mit Cannabisprodukten)

In der Gemeinsamen Allgemeinen Verfügung zur Umsetzung des § 31a BtMG der Senatsverwaltungen für Justiz, für Inneres und Sport sowie der damaligen Senatsverwaltung für Gesundheit, Umwelt und Verbraucherschutz vom 26. März 2016, geändert in der Fassung vom 16. Oktober 2017, ist zum Umgang mit Cannabisprodukten (Haschisch und Marihuana) Folgendes geregelt:

- *Ist eine Person im Besitz von bis zu 10 Gramm Haschisch oder Marihuana, ist das Ermittlungsverfahren von der Staatsanwaltschaft einzustellen, wenn keine Gefährdung anderer vorliegt.*

[…]

Lösungsskizze zur Musterklausur 2

I. Beamteneigenschaft (5 %)

II. Abgrenzung innerdienstlich/außerdienstlich (25 %)
- Hier: außerdienstlich

III. Rechtliche Prüfung der verletzten Dienstpflichten (55 %)
1. Verletzung der Wohlverhaltenspflicht gemäß § 61 I 3 BBG
   - Hier: Pflicht zum rechtmäßigen Verhalten (+)
2. Voraussetzungen des § 77 I 2 BBG
   - Hier (+)

IV. Pflichtwidrigkeit (5 %)

V. Schuldhaftigkeit (5 %)
- Hier: Eventualvorsatz

VI. Einheit des Dienstvergehens und Ergebnis (5 %)

Lösungsvorschlag zur Musterklausur 2

Obersatz (5 %):

Das Verhalten von P stellt gemäß § 77 I BBG ein Dienstvergehen dar, wenn diese schuldhaft die ihr obliegenden Dienstpflichten verletzt hat.

I. Beamteneigenschaft (5 %)

P ist Polizeivollzugsbeamtin des Bundes, sodass für sie gemäß § 1 BBG i. V. m. § 2 BPolBG die allgemeinen beamtenrechtlichen Vorschriften – und damit auch das BBG – anwendbar sind.

II. Abgrenzung innerdienstlich/außerdienstlich (25 %)

> ***Hinweis:*** *An dieser Stelle ist keine Unterteilung nach Vorfällen o. Ä. notwendig. Es handelt sich um sechs im Sachverhalt nicht näher differenzierte Käufe von Betäubungsmitteln, die als identische Lebenssachverhalte keinen Anknüpfungspunkt für unterschiedliche rechtliche Wertungen bieten.*

Zu untersuchen ist, ob es sich beim sechsmaligen Kauf von Marihuana im Görlitzer Park um einen inner- oder außerdienstlichen Vorfall handelt. Das maßgebliche Kriterium zur Abgrenzung zwischen inner- und außerdienstlichen Vorfällen ist der sog. materielle Dienstbezug. Danach kommt es für die Kategorisierung eines Vorfalls als innerdienstlich darauf an, ob ein inhaltlicher oder funktionaler Zusammenhang mit dem Amt bzw. der Beamteneigenschaft oder der dienstlichen Tätigkeit des jeweiligen Beamten besteht. Nicht maßgeblich, aber mit Indizwirkung ist hingegen der sog. formelle Dienstbezug, d. h. der räumliche oder zeitliche Zusammenhang mit der Dienstausübung.

Vorliegend finden die Drogenkäufe nach Dienstschluss und damit während der Freizeit von P statt. Mangels formellen Dienstbezugs ist daher ein außerdienstlicher Vorfall indiziert. Für diese Einordnung spricht auch der fehlende inhaltliche Bezug zum Amt oder der dienstlichen Tätigkeit von P. Zwar benötigt P die Betäubungsmittel, um mit den psychischen Folgen ihrer Tätigkeit bei der Bundespolizei umgehen zu können. Insofern besteht eine gewisse Verbindung zur dienstlichen Tätigkeit. Hier dienen jedoch lediglich die gesundheitlichen Folgen der dienstlichen Tätigkeit – und nicht die Dienstausübung selbst – als Anlass für ein rein privates Verhalten der P. Dieser mittelbare Konnex genügt nicht, um einen materiellen Dienstbezug zu begründen.

Auch durch die Tatsache, dass Polizeivollzugsbeamte dazu berufen sind, Straftaten – u. a. solche nach dem BtMG – zu verhüten und aufzuklären, lässt sich kein materieller Dienstbezug herstellen. Allein die Strafbarkeit eines Verhaltens, welches sonst keinerlei Bezug zur dienstlichen Tätigkeit aufweist, führt nicht allein aufgrund der allgemeinen Aufgabe der Polizei im Bereich der Strafverfolgung zu einem innerdienstlichen Verhalten.

Schließlich ist dem Sachverhalt nicht zu entnehmen, dass die Leistungsfähigkeit der P während des Dienstes durch den Drogenkonsum in irgendeiner Weise eingeschränkt ist. Auch unter diesem Gesichtspunkt lässt sich mithin kein materieller Dienstbezug ableiten.

Im Ergebnis handelt es sich bei den Drogenkäufen um einen außerdienstlichen Vorfall.

> ***Hinweis:*** *Eine andere Auffassung ist hier nur schwer vertretbar.*

III. Rechtliche Prüfung der verletzten Dienstpflichten (55 %)

1. Verletzung der Wohlverhaltenspflicht gemäß § 61 I 3 BBG

Vorliegend könnte durch die Drogenkäufe die Wohlverhaltenspflicht gemäß § 61 I 3 BBG verletzt worden sein. Danach muss das Verhalten von Beamtinnen und Beamten der Achtung und dem Vertrauen des Dienstherrn und der Allgemeinheit gerecht werden, die ihr Beruf erfordert. Hierunter fallen grundsätzlich alle amtsunangemessenen Verhaltensweisen, die von keiner spezielleren Dienstpflicht erfasst sind. Ein anerkannter Unterfall der Wohlverhaltenspflicht ist die Pflicht des Beamten zum rechtmäßigen Verhalten.

Ein Verstoß gegen diese Pflicht ist insbesondere dann anzunehmen, wenn das Verhalten der P eine Straftat darstellt. In Betracht kommt eine Strafbarkeit gemäß § 29 I BtMG.

1) P hat in sechs Fällen jeweils 8 Gramm Marihuana auf dem Schwarzmarkt käuflich erworben und bis zum Konsum besessen. Hierdurch wurde der objektive Tatbestand des § 29 I Nr. 1, 3 BtMG erfüllt. Dies tat P auch absichtlich und damit vorsätzlich.

2) P ist auch nicht gemäß § 34 StGB gerechtfertigt oder gemäß § 35 I StGB entschuldigt. Zwar handelte sie, um gegenwärtige Gefahren für ihre psychische und damit körperliche Gesundheit abzuwehren. Insofern kommen die §§ 34, 35 StGB grundsätzlich in Betracht. Jedoch ist eine Rechtfertigung bzw. Entschuldigung nach den genannten Vorschriften dann nicht möglich, wenn ein gesetzlich geordnetes Verfahren zur Konfliktlösung bereitsteht. Ein solches Verfahren bestimmt das BtMG. Es legt fest, unter welchen Voraussetzungen zu bestimmten Zwecken ein Umgang mit sonst unerlaubten Betäubungsmitteln erfolgen kann. Durch den Erwerb von Marihuana auf dem Schwarzmarkt hat P dieses gesetzlich geordnete Verfahren umgangen und kann sich deshalb nicht auf die §§ 34, 35 StGB berufen. Damit ist eine Strafbarkeit der P gemäß § 29 I Nr. 1, 3 BtMG grundsätzlich gegeben.

> ***Hinweis:*** *Selbst für eine sehr gute Leistung genügt es, wenn die mögliche Anwendbarkeit von §§ 34, 35 StGB überhaupt erkannt und nachvollziehbar thematisiert wird.*

3) Fraglich ist jedoch, wie sich der Umstand auswirkt, dass die Staatsanwaltschaft auf der Grundlage des § 31a I BtMG i. V. m. der Berliner Verfügung zur Umsetzung des § 31a BtMG das Ermittlungsverfahren eingestellt hat. Auch ein Strafgericht hätte gemäß § 29 V StGB die Möglichkeit, von einer Bestrafung abzusehen. Die Voraussetzungen hierfür liegen bei P grundsätzlich vor. Mit jeweils 8 Gramm Marihuana hat sie nach den in Berlin geltenden Vorschriften jeweils nur eine geringe Menge erworben und besessen. Dennoch steht dies der grundsätzlichen Strafbarkeit des Verhaltens nicht entgegen. § 31a I und § 29 V BtMG eröffnen lediglich die Möglichkeit der Strafverfolgungsorgane, unter bestimmten Voraussetzungen von einem Ermittlungsverfahren bzw. von einer Bestrafung abzusehen. Der Charakter des strafbaren Verhaltens bleibt trotz dieser Sonderregelungen im Bereich des Betäubungsmittelrechts erhalten.

4) Im Ergebnis stellt der Kauf der Betäubungsmittel trotz der Einstellung durch die Staatsanwaltschaft ein strafbares Verhalten der P und daher eine Verletzung der Wohlverhaltenspflicht gemäß § 61 I 3 BBG dar.

> ***Hinweis:*** *Eine andere Auffassung ist hier eher fernliegend, jedoch mit guter Begründung ebenfalls vertretbar.*

2. *Voraussetzungen des § 77 I 2 BBG*

Da es sich vorliegend um einen außerdienstlichen Pflichtenverstoß handelt, müssen zusätzlich die Voraussetzungen des § 77 I 2 BBG gegeben sein. Danach muss eine Pflichtverletzung nach den Umständen des Einzelfalles in besonderem Maße geeignet sein, das Vertrauen in einer für das Amt der konkret handelnden Beamtin oder das Ansehen des Beamtentums bedeutsamen Weise zu beeinträchtigen.

Strafbares außerdienstliches Verhalten von Polizeivollzugsbeamten erfüllt regelmäßig diese Voraussetzungen, da von Polizeivollzugsbeamten in besonderem Maße erwartet wird, für die Rechtsordnung einzutreten bzw. Straftaten zu verhindern und aufzuklären und nicht selbst Straftaten zu begehen. Anhaltspunkte für eine abweichende Bewertung sind vorliegend nicht ersichtlich. Die Voraussetzungen des § 77 I 2 BBG liegen damit vor.

> ***Hinweis:*** *Eine andere Auffassung ist hier kaum vertretbar.*

IV. Pflichtwidrigkeit (5 %)

P handelte pflichtwidrig. Die Pflichtwidrigkeit wird durch die Verwirklichung des objektiven Dienstpflichttatbestands indiziert. Rechtfertigungsgründe sind nicht ersichtlich. Insbesondere scheidet eine Anwendbarkeit von § 34 StGB als möglicher Rechtfertigungsgrund aus (s. o.).

V. Schuldhaftigkeit (5 %)

P müsste auch schuldhaft gehandelt haben. Darunter ist vorsätzliches oder fahrlässiges Handeln bzgl. der Pflichtverletzung zu verstehen.

Es ist davon auszugehen, dass P als ausgebildete Polizeivollzugsbeamtin wusste, dass sie sich durch den Kauf illegaler Betäubungsmittel strafbar macht und dadurch die Wohlverhaltenspflicht verletzt. Sie handelte mit direktem Vorsatz 2. Grades.

> ***Hinweis:*** *Jedenfalls hätte P den Verstoß erkennen müssen. Bei Verneinung des Vorsatzes liegt daher zumindest Fahrlässigkeit vor.*

Eine Entschuldigung gemäß § 35 I StGB kommt vorliegend nicht in Betracht (s. o.).

VI. Einheit des Dienstvergehens und Ergebnis (5 %)

Die sechs Pflichtverletzungen der P durch Käufe von Betäubungsmitteln im Görlitzer Park stellen ein einheitliches Dienstvergehen gemäß § 77 I BBG dar.

> ***Hinweis:*** *Zwar war eine Differenzierung zwischen den einzelnen, nicht näher differenzierten Käufen im Rahmen der Abgrenzung zwischen innerdienstlichem und außerdienstlichem Verhalten nicht erforderlich (s. o.). An dieser Stelle muss jedoch erkannt werden, dass es sich um sechs verschiedene Pflichtverletzungen handelt, die ein einheitliches Dienstvergehen darstellen.*

Musterklausur 3: Unpassende WhatsApp-Nachrichten

Sachverhalt

PKA Unbedacht (U) wurde an der Bundespolizeiakademie unter Berufung in das Beamtenverhältnis auf Widerruf eingestellt. Im Verlauf des Hauptstudiums wurde festgestellt, dass U mit sechs weiteren Kommilitonen Mitglied in der von einem dieser Kommilitonen erstellten WhatsApp-Gruppe mit der Bezeichnung „Polizei bad boys“ war.

Im Chat dieser Gruppe wurden im Zeitraum der Mitgliedschaft des U von ca. 24 Monaten neben ausbildungs- und freizeitrelevanten Sachverhalten 21 Nachrichten von verschiedenen Mitgliedern der Gruppe mit antisemitischen, rassistischen, gewaltverharmlosenden und frauenverachtenden Inhalten verschickt. U selbst hatte keine dieser Nachrichten verfasst und auch nicht kommentiert oder sonst darauf reagiert.

Nach Bekanntwerden des Chats wurden gegen den U und die anderen Mitglieder der Gruppe staatsanwaltschaftliche Ermittlungsverfahren wegen der Verbreitung von Propaganda verfassungswidriger Organisationen gemäß § 86a StGB eingeleitet. Mit Verfügung der Staatsanwaltschaft wurden die Ermittlungsverfahren jedoch gemäß § 170 II StPO eingestellt, weil ein Verbreiten der Darstellungen durch die sich nach außen konspirativ verhaltende Gruppe nicht festgestellt werden konnte.

Aufgabe 1

Prüfen Sie gutachterlich (ggf. hilfsgutachterlich), ob U ein Dienstvergehen i. S. v. § 77 I BBG begangen hat. (80 %)

Aufgabe 2

Erläutern Sie unter Bezugnahme auf die gesetzlichen Regelungen, welche Möglichkeiten der Dienstherr hat, mit diesem Sachverhalt umzugehen. (20 %)

Lösungsskizze zur Musterklausur 3

Aufgabe 1 (80 %)

I. Beamteneigenschaft, Anwendbarkeit des BBG / BDG (5 %): (+)

II. Abgrenzung nach Vorfällen, innerdienstlich – außerdienstlich (15 %)

1. Hier: Nur ein Vorfall
2. Hier: außerdienstlich (a. A. vertretbar)

III. Verletzung von Dienstpflichten (40 %)

1. Bekenntnis zur FDGO (+)
2. Pflicht zur politischen Zurückhaltung und Mäßigung (–)
3. Wohlverhaltenspflicht (+)

IV. Pflichtwidrigkeit (5 %): (+)

V. Schuldhaftigkeit (10 %): (+)

VI. Ergebnis (5 %)

Aufgabe 2 (20 %)

I. Einleitung Disziplinarverfahren, §§ 17 I, 5 III BDG (7 %)

II. Entlassung, § 37 I 1 BBG (7 %)

III. Nicht-Übernahme, § 37 II BBG (6 %)

Lösungsvorschlag zur Musterklausur 3

Aufgabe 1

I. Beamteneigenschaft, Anwendbarkeit des BBG/BDG (5 %)

Zunächst müsste es sich bei U um einen Bundesbeamten handeln, sodass das BBG und das BDG auf ihn Anwendung finden.

Nach dem Sachverhalt ist U Polizeikommissaranwärter und Angehöriger der Bundespolizeiakademie. Aufgrund der Dienstbezeichnung i. V. m. § 1 der Verordnung zu § 1 I Bundespolizeibeamtengesetz (BPolBG) handelt es sich bei U um einen Polizeivollzugsbeamten des Bundes, weshalb das BPolBG nach seinem § 1 I 1 auf ihn Anwendung findet. Gemäß § 2 BPolBG finden auf U auch die allgemein geltenden Vorschriften Anwendung; gemeint ist insbesondere das Bundesbeamtengesetz (BBG). Infolgedessen ist mit Blick auf U auch der Anwendungsbereich des Bundesdisziplinargesetzes (BDG) nach dessen § 1 I eröffnet.

> ***Hinweis:*** *Dieser Prüfungspunkt stellt regelmäßig kein Problem dar, weshalb hier auch nicht viele Punkte vergeben werden. Vor diesem Hintergrund können auch etwas „schmalere" Ausführungen als ausreichend angesehen werden (Zeitmanagement!).*

II. Abgrenzung nach Vorfällen, innerdienstlich – außerdienstlich (15 %)

Mangels näherer Sachverhaltsangaben handelt es sich bei der Mitgliedschaft des U in der Chatgruppe „Polizei bad boys" und seiner Kenntnisnahme von antisemitischen, rassistischen, gewaltverharmlosenden und frauenverachtenden Inhalten um einen Lebenssachverhalt und folglich um nur einen Vorfall.

Fraglich ist jedoch, ob dieser Vorfall als inner- oder außerdienstlich zu klassifizieren ist. Dies ist für die weitere Prüfung entscheidend, da durch ein außerdienstliches Verhalten nur einige wenige Beamtenpflichten verletzt werden können. Außerdem muss ein außerdienstliches Verhalten die sog. Erheblichkeitsschwelle des § 77 I 2 BBG überschreiten, um ein Dienstvergehen darstellen zu können.

Entscheidend für die Abgrenzung von inner- und außerdienstlichem Verhalten sind der formelle und der materielle Dienstbezug. Ein formeller Dienstbezug ist regelmäßig zu bejahen, wenn das Raum- und Zeitmaß für ein dienstlich motiviertes Verhalten sprechen, also bspw. wenn ein Verhalten in den Diensträumen während der Dienstzeit stattfindet. Der formelle Dienstbezug ist jedoch in der Regel nur ein Indiz für oder gegen ein innerdienstliches Verhalten. Entscheidend ist vielmehr der materielle Dienstbezug, der dann zu bejahen ist, wenn das Verhalten des Beamten inhaltlich etwas mit der Amtsausübung zu tun hat und deshalb eine funktionale Beziehung zum Amt besteht.

Vorliegend bleibt offen, wann und wo die in Rede stehenden Inhalte in den Chat aufgenommen worden sind, weshalb ein formeller Dienstbezug zu verneinen ist. Für einen materiellen Dienstbezug spricht zunächst, dass laut Sachverhalt im Chat u. a. auch ausbildungsrelevante Inhalte ausgetauscht worden sind. Da die Kommunikation allerdings von den privaten Handys der Studierenden ausgegangen ist, schwerpunktmäßig außerdienstliche Inhalte zum Gegenstand hatte und der Dienstherr keine Kenntnis von der Existenz der Chatgruppe, geschweige denn einen Einfluss auf die dort verbreiteten Inhalte hatte, dominiert der private Charakter, weshalb eine funktionale Beziehung zum Dienst zu verneinen ist.

Im Ergebnis handelt es sich deshalb um ein außerdienstliches Verhalten.

> ***Hinweis:*** *Mit entsprechender Argumentation könnte man hier auch zu einem anderen Ergebnis kommen. Wichtiger als das Ergebnis ist für die Bepunktung der Klausur allerdings die Begründung. Besonders gut ist es, wenn man nicht nur den eigenen Standpunkt begründet, sondern sich auch mit den Argumenten der gegenteiligen Auffassung auseinandersetzt.*

III. Verletzung von Dienstpflichten (40 %)

Fraglich ist, ob durch die Mitgliedschaft in der Chatgruppe und die Kenntnisnahme von antisemitischen, rassistischen, gewaltverharmlosenden und frauenverachtenden Inhalten eine Dienstpflichtverletzung begangen wurde. Aus der Tatsache, dass die Staatsanwaltschaft das zunächst eingeleitete Ermittlungsverfahren nach § 170 II StPO eingestellt hat, es mithin nicht zu einer Anklage, geschweige denn zu einer Verurteilung gekommen ist, darf jedenfalls nicht geschlussfolgert werden, dass in dem Verhalten auch keine Dienstpflichtverletzung zu sehen ist.

1. *Pflicht zum Bekenntnis zur freiheitlichen demokratischen Grundordnung, § 60 I 3 BBG*

Diese Pflicht verlangt vom Beamten, dass er sich durch sein gesamtes Verhalten – also auch außerdienstlich – zu der freiheitlichen demokratischen Grundordnung (FDGO) im Sinne des Grundgesetzes bekennt und für deren Erhalt eintritt. Was genau unter der FDGO zu verstehen ist bzw. aus welchen Elementen sie sich zusammensetzt, kann § 4 II BVerfSchG entnommen werden. Bezogen auf den vorliegenden Sachverhalt sind hier die unter lit. g) im Grundgesetz konkretisierten Menschenrechte in den Blick zu nehmen. Dabei ist insbesondere auf Art. 3 III GG abzustellen, wonach niemand wegen seines Geschlechts, seiner Abstammung, seiner Rasse, seiner Sprache, seiner Heimat und Herkunft, seines Glaubens, seiner religiösen oder politischen Anschauungen benachteiligt werden darf.

Bezogen auf den vorliegenden Sachverhalt stehen die antisemitischen Inhalte in der Chatgruppe im Widerspruch zum Benachteiligungsverbot wegen des Glaubens und der religiösen Anschauungen. Das Verbreiten rassistischer Inhalte stellt einen Konflikt mit dem Benachteiligungsverbot wegen der Rasse und ggf. der Herkunft dar. Gewaltverharmlosende Inhalte vertragen sich nicht mit der Menschenwürde aus Art. 1 I 1 GG und dem Recht auf Leben und körperliche Unversehrtheit nach Art. 2 II 1 GG. Frauenverachtende Inhalte wiederum stehen nicht im Einklang mit der Grundaussage nach Art. 3 II GG, wonach Männer und Frauen gleichberechtigt sind. Darüber hinaus darf nach Art. 3 III 1 GG niemand wegen seines Geschlechts benachteiligt werden.

Fraglich ist, ob U durch sein passives Verhalten diese Dienstpflicht verletzen konnte. Wenn U selbst die Inhalte in die Chatgruppe eingestellt hätte, wäre dies einfach zu bejahen. Wenn U die Inhalte zwar nicht eingestellt, aber dergestalt kommentiert hätte, dass er sich die Inhalte „zu eigen" gemacht hätte (bspw. durch das Setzen von sog. „likes"), wäre ein Verstoß ebenfalls naheliegend. Vorliegend aber war U passiv, weshalb sich die Frage aufdrängt, ob von einem Beamten erwartet werden kann, dass er sich aktiv von solchen Inhalten distanziert, indem er sie entsprechend kommentiert und bspw. den Ersteller zum Löschen auffordert oder aber die Chatgruppe verlässt.

Die dazu bislang ergangene Rechtsprechung legt durchaus einen solchen hohen Maßstab an Beamte an. Das bloß passive Verhalten des U ist insofern dienstpflichtwidrig, weil er durch sein Nicht-Distanzieren die Einstellung und Gesinnung der anderen Teilnehmer konkludent bestärkt hat. Er hat sich nicht aktiv zur Verfassungsordnung bekannt und ist nicht für sie eingetreten. Damit fehlt ihm die innere Fähigkeit und Bereitschaft, in der gebotenen Weise für grundlegende und unabdingbare Werte des Zusammenlebens in unserem Land einzutreten.

Bei einem Verfassungstreueverstoß ist die Erheblichkeitsschwelle nach § 77 I 2 BBG nicht zu prüfen. Die Formulierung in § 60 I 3 BBG „durch ihr gesamtes Verhalten“ macht deutlich, dass sich die Pflicht auf inner- und außerdienstliches Verhalten bezieht. Allerdings ist sie unteilbar, was bedeutet, dass auch ein außerdienstlicher Verstoß als innerdienstliche Pflichtverletzung zu werten ist. Darüber hinaus ist eine Differenzierung nach der Art des Beamtenverhältnisses oder den dienstlichen Obliegenheiten nicht zulässig, denn der Beamte ist in einem solchen Fall nicht nur eine Gefahr für seine Aufgabenerledigung, sondern auch ein Risiko hinsichtlich der Beeinflussung seiner Mitarbeiter und Kollegen.

Im Ergebnis hat U die Pflicht zum Bekenntnis zur freiheitlichen demokratischen Grundordnung nach § 60 I 3 BBG verletzt.

2. *Pflicht zur politischen Zurückhaltung und Mäßigung, § 60 II BBG*

Weiterhin könnte U durch sein außerdienstliches Verhalten die Pflicht zur politischen Mäßigung und Zurückhaltung nach § 60 II BBG verletzt haben. Diese Pflicht verlangt vom Beamten, dass er sich bei der eigenen politischen Betätigung angemessen präsentiert, indem er tolerant auftritt und nicht in agitatorischer Weise gegen den Staat und seine Einrichtungen vorgeht, etwa durch das Verunglimpfen staatlicher Symbole.

Vorliegend ist nicht zu erkennen, dass U und seine Kollegen aus der Chatgruppe (partei-)politische Ziele verfolgen. Vielmehr handelt es sich bei den

Chatinhalten um Geschmacklosigkeiten, die zwar in einen politischen Kontext gerückt werden können, aber nicht dazu bestimmt sind, zur politischen Meinungsbildung beizutragen.

Im Ergebnis ist diese Dienstpflicht hier nicht einschlägig, sodass ein Verstoß zu verneinen ist.

3. Wohlverhaltenspflicht, § 61 I 3 BBG

Weiterhin könnte U durch sein Verhalten gegen seine Pflicht zum achtungs- und vertrauenswürdigen Verhalten (sog. Wohlverhaltenspflicht) nach § 61 I 3 BBG verstoßen haben. Diese verlangt vom Beamten, dass er auch außerhalb des Dienstes ein Verhalten an den Tag legt, das der Achtung und dem Vertrauen gerecht wird, die sein Beruf erfordert. Hierbei ist insbesondere auf die Sicht der Bevölkerung abzustellen, denn neben dem einzelnen Beamten geht es bei dieser Beamtenpflicht auch insgesamt um die Integrität des Berufsbeamtentums. Mit Blick auf ein Verhalten außerhalb des Dienstes wird regelmäßig „nur“ erwartet, dass der Beamte keine Straftatbestände erfüllt. Aufgrund der Bewertung als außerdienstliches Verhalten müsste zudem die Erheblichkeitsschwelle des § 77 I 2 BBG überschritten sein, um im vorliegenden Fall eine Pflichtverletzung zu bejahen. Dies bedeutet, dass das Verhalten des U in diesem konkreten Fall in besonderem Maße geeignet sein muss, das Vertrauen in einer für sein Amt oder das Ansehen des Beamtentums bedeutsamen Weise zu beeinträchtigen.

Vorliegend wurde das Strafverfahren gegen U zwar nach § 170 II StPO eingestellt, für die disziplinarrechtliche Bewertung des Sachverhalts spielt dies indes keine übergeordnete Rolle. Eine Strafbarkeit ist daran gescheitert, dass ein „Verbreiten“ der Chatinhalte nicht festgestellt werden konnte. Disziplinarrechtlich geht es aber zunächst und vor allem darum, dass überhaupt solche Inhalte zwischen Beamten ausgetauscht worden sind. Aus Sicht des Durchschnittsbürgers wird erwartet, dass sich Beamte auch in ihrer Freizeit gesetzestreu verhalten und zu den Grundwerten unserer gesellschaftlichen Ordnung nicht nur stehen, sondern für diese aktiv eintreten. Indem mehrere Beamte entsprechende Inhalte, die im Widerspruch zu den Wertungen des Grundgesetzes und zur freiheitlichen demokratischen Grundordnung stehen (s. o.), in einer Chatgruppe teilen, kommentieren oder nur unkommentiert zur Kenntnis nehmen, erfüllen sie diese Erwartungshaltung der Gesellschaft an ihre Staatsdiener nicht. Aufgrund der Anzahl der Einträge in der Chatgruppe und auch der Dauer, über die sich das Fehlverhalten erstreckte, ist dieses auch in besonderem Maße geeignet, das Vertrauen in das Amt und das Ansehen des Beamtentums auf bedeutsame Weise zu beeinträchtigen. Dies gilt insbesondere vor dem Hintergrund, dass es sich bei U um einen Polizeivollzugsbeamten handelt, der noch mehr als andere Beamte dazu berufen ist, Straftaten und Fehlverhalten zu verhindern und zu ahnden.

Im Ergebnis hat U auch die Wohlverhaltenspflicht nach § 61 I 3 BBG verletzt.

IV. Pflichtwidrigkeit (5 %)

Fraglich ist, ob das Handeln des U gerechtfertigt sein könnte. U war zwar unbedarft und naiv, dies stellt allerdings keinen Rechtfertigungsgrund dar.

U handelte im Ergebnis auch pflichtwidrig.

V. Schuldhaftigkeit (10 %)

Fraglich ist, ob U auch schuldhaft handelte. Ein schuldhaftes Dienstvergehen liegt nur vor, wenn der Beamte die Pflichtverletzung vorsätzlich oder fahrlässig begangen hat. Da U die in der Chatgruppe kommunizierten Inhalte wahrgenommen hat und nicht dagegen vorgegangen ist, agierte er mit Wissen und Wollen.

Entschuldigungsgründe sind ebenfalls nicht ersichtlich.

U hat im Ergebnis auch schuldhaft gehandelt.

VI. Ergebnis (5 %)

Die zwei von U begangenen Dienstpflichtenverstöße sind nach dem Grundsatz der Einheit des Dienstvergehens gemäß § 77 I 1 BBG als ein Dienstvergehen zu würdigen.

Aufgabe 2 (20 %)

I. Einleitung Disziplinarverfahren, §§ 17 I, 5 III BDG (7 %)

Auch gegen Widerrufsbeamte können Disziplinarverfahren gemäß § 17 I BDG eingeleitet werden, wie sich im Rückschluss aus § 5 III BDG ergibt. Gezeigte Fehlverhalten können allerdings nur mit einem Verweis oder einer Geldbuße geahndet werden. Soweit – wie im vorliegenden Sachverhalt – grundsätzliche Zweifel an der Eignung eines Anwärters für den Polizeiberuf bestehen, sodass Verweis oder Geldbuße nicht ausreichend erscheinen, ist die Einleitung eines Disziplinarverfahrens nach h. M. dennoch obligatorisch.

II. Entlassung, § 37 I 1 BBG (7 %)

Ferner besteht nach § 37 I BBG die Möglichkeit, Widerrufsbeamte jederzeit zu entlassen. Aus dem Rechtsstaatsprinzip folgt, dass eine solche Maßnahme gut begründet werden muss. Die Entlassung stellt einen Verwaltungsakt dar, gegen den der Betroffene Rechtsbehelfe einlegen kann – Widerspruch und im nächsten Schritt ggf. Anfechtungsklage vor dem VG.

III. Nicht-Übernahme, § 37 II BBG (6 %)

Als weitere Handlungsoption kommt in Betracht, den Anwärter seinen Vorbereitungsdienst beenden zu lassen, ihn im Anschluss aber nicht zu übernehmen. Diese Variante scheint gemäß § 37 II 1 BBG auch der Gesetzgeber zu favorisieren, wenn er den Dienstherrn auffordert, dem Beamten Gelegenheit zu geben, den Vorbereitungsdienst abzuleisten und die Prüfung abzulegen. Denn mit Bekanntgabe des endgültigen Bestehens der Prüfung sind Widerrufsbeamte kraft Gesetzes aus dem Beamtenverhältnis entlassen, § 37 II 2 Nr. 1 BBG.

> ***Hinweis:*** *Es ist umstritten, ob im Fall einer Entlassungsabsicht nach § 37 I BBG ein Disziplinarverfahren überhaupt eingeleitet werden muss. Dafür spricht bspw., dass § 17 I BDG für diesen Fall keine Ausnahme vorsieht, und auch, dass kein Problem mit § 15 BDG entsteht, sollte die Entlassung erfolgreich durch den betroffenen Beamten angegriffen werden. Dagegen spricht, dass für eine wirksame Entlassung nach dem BBG eine Einleitung nach dem BDG in formeller Hinsicht schlicht nicht notwendig ist.*

Musterklausur 4: Streit um einen Beförderungsdienstposten

Sachverhalt

PHK Streitlustig (S) und PHK Friedvoll (F) sind seit vielen Jahren bei der Bundespolizei im Bereich der Kriminalitätsbekämpfung (KrimB) tätig und werden nach A 12 BBesO besoldet. Sie hatten vor über 20 Jahren bereits ihr Studium zum Polizeikommissar gemeinsam absolviert und seither eine vergleichbare Karriere absolviert. Als im Sommer 2021 eine Beförderungsstelle mit der Wertigkeit A 13g ausgeschrieben wird, bewerben sich beide darauf. F erhält den Zuschlag, woraufhin S durch seinen Anwalt einen Antrag auf Erlass einer einstweiligen Anordnung beim Verwaltungsgericht stellt, um seinen Bewerbungsverfahrensanspruch zu sichern.

Im gerichtlichen Verfahren wird S aufgefordert darzulegen, warum *er* der geeignetere Bewerber für die Beförderungsstelle ist. Da F und S ein grundsätzlich sehr ähnliches Bewerberprofil haben, sehen S und sein Anwalt sich gezwungen, ins Detail zu gehen und die persönlichen Einsatz- und Ermittlungserfolge des S im Einzelnen darzulegen. In diesem Zusammenhang scheint es für S und seinen Anwalt unvermeidbar, auch gewisse Informationen über die von S jeweils gewählte Einsatztaktik sowie Inhalte von Polizeidienstvorschriften (PDV), die als Verschlusssache klassifiziert sind, preiszugeben. Die für das gerichtliche Verfahren erforderliche inhaltliche Abstimmung mit seinem Anwalt findet nahezu ausschließlich während der Dienstzeit statt und nimmt über den Zeitraum von zwei Wochen insgesamt ca. zehn Stunden in Anspruch.

Als der zuständige Dienstvorgesetzte von dem Ansinnen des S erfährt, untersagt er ihm pauschal jede Preisgabe von dienstlichen Informationen im gerichtlichen Verfahren, da das Verfahren öffentlich sei und insofern Nachteile für die Sicherheit des Bundes und der Länder zu befürchten seien. Verschlusssachen dürften ohnehin nicht unbefugten Personen gegenüber offenbart werden. Da S jedoch keine andere Möglichkeit sieht, um vor Gericht erfolgreich zu sein, trägt er trotz der Versagung einer Aussagegenehmigung entsprechende Informationen vor.

Aufgabe

Prüfen Sie gutachterlich (ggf. hilfsgutachterlich), ob S ein Dienstvergehen i. S. v. § 77 I BBG begangen hat.

Lösungsskizze zur Musterklausur 4

I. Beamteneigenschaft, Anwendbarkeit des BBG / BDG (5 %): (+)

II. Benennung von Vorfällen und Abgrenzung innerdienstlich-außerdienstlich (20 %):

   1. Preisgabe von dienstlichen Informationen, innerdienstlich

   2. Aufwendung von Arbeitszeit für Abstimmung mit Anwalt, innerdienstlich

III. Pflichtverletzungen (50 %):

   1. Verschwiegenheitspflicht, §§ 67, 68 II BBG (–)

   2. Pflicht zum vollen persönlichen Einsatz, § 61 I 1 BBG (+)

IV. Pflichtwidrigkeit (5 %): (+)

V. Schuldhaftigkeit (15 %): (+)

VI. Ergebnis (5 %)

Lösungsvorschlag zur Musterklausur 4

I. Beamteneigenschaft, Anwendbarkeit des BBG/BDG (5 %)

Zunächst müsste es sich bei S um einen Bundesbeamten handeln, sodass das BBG und das BDG auf ihn Anwendung finden.

Nach dem Sachverhalt ist S Polizeihauptkommissar und Angehöriger der Bundespolizei. Aufgrund der Dienstbezeichnung i. V. m. § 1 der Verordnung zu § 1 I Bundespolizeibeamtengesetz (BPolBG) handelt es sich bei S um einen Polizeivollzugsbeamten des Bundes, weshalb das BPolBG nach seinem § 1 I 1 auf ihn Anwendung findet. Gemäß § 2 BPolBG finden auf S auch die allgemein geltenden Vorschriften Anwendung; gemeint ist insbesondere das Bundesbeamtengesetz (BBG). Infolgedessen ist mit Blick auf S auch der Anwendungsbereich des Bundesdisziplinargesetzes (BDG) nach dessen § 1 I eröffnet.

> ***Hinweis:*** *Dieser Prüfungspunkt stellt regelmäßig kein Problem dar, weshalb hier auch nicht viele Punkte vergeben werden. Vor diesem Hintergrund können auch etwas „schmalere" Ausführungen als ausreichend angesehen werden (Zeitmanagement!).*

II. Benennung von Vorfällen und Abgrenzung innerdienstlich – außerdienstlich (20 %)

Der Sachverhalt ist in zwei Vorfälle zu untergliedern:

Der erste Vorfall betrifft die Preisgabe dienstlicher Informationen im verwaltungsgerichtlichen Verfahren. Mangels räumlicher oder zeitlicher Nähe zum Dienstbetrieb ist ein formeller Dienstbezug zu verneinen. Allerdings stellen die preisgegebenen Informationen solche dar, von denen regelmäßig nur Amtsträger Kenntnis haben. Darüber hinaus betreffen sie unmittelbar den Dienstbetrieb wie etwa die Durchführung von Ermittlungen und die Vorbereitung und Durchführung polizeilicher Einsätze. Da insofern eine funktionale Beziehung zwischen dem Verhalten des S und seinem Amt hergestellt werden kann, ist der materielle Dienstbezug zu bejahen, sodass dieser Vorfall als innerdienstlich zu bewerten ist.

Der zweite Vorfall umfasst die Aufwendung von Dienstzeit für die inhaltliche Abstimmung zwischen S und seinem Anwalt. Da S während der Dienstzeit mit seinem Anwalt korrespondiert, ist ein formeller Dienstbezug zu bejahen. Darüber hinaus ist auch ein materieller Dienstbezug zu bejahen, da sich das Verhalten des S unmittelbar auf seinen Dienst auswirkt. Denn während S bspw. mit seinem Anwalt telefoniert oder ihm E-Mails schreibt, ist er daran gehindert, dienstliche Aufgaben mit der nötigen Sorgfalt und Güte wahrzunehmen. Mithin ist auch dieser Vorfall als innerdienstlich zu klassifizieren.

III. Verletzung von Dienstpflichten (50 %)

Nunmehr ist zu prüfen, ob S durch sein Verhalten Dienstpflichten verletzt hat.

1. Verschwiegenheitspflicht nach §§ 67, 68 II BBG

Fraglich ist, ob S gegen seine Pflicht zur Verschwiegenheit nach § 67 BBG verstoßen hat, indem er Informationen über Einsatztaktiken und Inhalte aus PDVen im verwaltungsgerichtlichen Verfahren preisgegeben hat.

Nach § 67 I 1 BBG hat er über dienstliche Angelegenheiten, die ihm bei oder bei Gelegenheit seiner amtlichen Tätigkeit bekannt geworden sind, Verschwiegenheit zu bewahren. Die von S im gerichtlichen Verfahren vorgetragenen Informationen über Einsatztaktiken und Inhalte aus PDVen sind unstreitig dienstliche Angelegenheiten im Sinne dieser Vorschrift.

Zu prüfen ist jedoch, ob hier eine Ausnahme nach Absatz 2 greift. Danach gilt Absatz 1 nicht, soweit Mitteilungen im dienstlichen Verkehr geboten sind (Nr. 1). Vorliegend hat S in einem verwaltungsgerichtlichen Verfahren Informationen preisgegeben. Ein solches Verfahren hat mit dem eigentlichen Dienst des S nichts zu tun; insofern handelt es sich nicht um den dienstlichen Verkehr, weshalb diese Ausnahme ausscheidet. Des Weiteren kommt ein Verstoß gegen die Verschwiegenheitspflicht nicht in Betracht, soweit S Tatsachen mitgeteilt hat, die offenkundig sind oder ihrer Bedeutung nach keiner Geheimhaltung bedürfen (Nr. 2). Offenkundig sind Tatsachen, wenn sie von jedermann ohne besondere Anstrengung in Erfahrung gebracht werden können. Dies ist z. B. der Fall, wenn Tatsachen in einem Zeitungsartikel publiziert worden sind. Die von S vorgetragenen Tatsachen fallen augenscheinlich nicht hierunter, die zitierten PDVen sind sogar als Verschlusssachen deklariert, was unmissverständlich zum Ausdruck bringt, dass sie nicht nur nicht offenkundig sind, sondern darüber hinaus sogar der Geheimhaltung bedürfen. Die Ausnahme nach Nr. 3 kommt hier ebenfalls nicht in Betracht, da es hierbei um Korruptionssachverhalte geht, wofür der vorliegende Sachverhalt keine Anhaltspunkte bietet.

Ferner ist Absatz 3 in den Blick zu nehmen, der sich speziell mit Aussagen durch Beamte in gerichtlichen Verfahren befasst. Danach dürfen Beamte ohne Genehmigung über Angelegenheiten nach Absatz 1, dessen Einschlägigkeit oben bejaht worden ist, nicht vor Gericht aussagen. Die Genehmigung erteilt grundsätzlich der Dienstvorgesetzte. Vorliegend hat der zuständige Dienstvorgesetzte die Genehmigung jedoch nicht erteilt, sondern hat sie vielmehr explizit versagt, was zur Folge hatte, dass S die in Rede stehenden Informationen nicht hätte preisgeben dürfen. In der Konsequenz wäre damit ein Verstoß gegen die Pflicht zur Verschwiegenheit zu bejahen.

Zu einem anderen Ergebnis kann man allerdings bei Anwendung von § 68 II BBG kommen, der sich mit der Situation befasst, dass Beamte selbst Partei in einem gerichtlichen Verfahren sind. In diesen Fällen darf eine Genehmigung nur versagt werden, wenn die Voraussetzungen nach § 68 I BBG vorliegen, wenn also die Aussage dem Wohle des Bundes oder eines deutschen Landes Nachteile bereiten oder die Erfüllung öffentlicher Aufgaben ernstlich gefährden oder erheblich erschweren würde. Darüber hinaus müssen die dienstlichen Rücksichten die Versagung nach § 68 II BBG unabweisbar erfordern. Mithin bringt der Gesetzgeber zum Ausdruck, dass in einer solchen Konstellation den Interessen des Beamten grundsätzlich Vorrang zu gewähren ist. Eine Versagung ist also nur in besonderen Fällen denkbar und muss deshalb gut begründet werden. Im vorliegenden Sachverhalt hat der zuständige Dienstvorgesetzte seine Versagung jedoch nicht begründet, sondern hat dem S die Preisgabe von Informationen, die der Wahrnehmung seiner berechtigten Interessen dienen, pauschal untersagt. Insofern ist er den Anforderungen, die das Gesetz aufstellt, nicht gerecht geworden. Im Ergebnis ist ein Verstoß gegen die Pflicht zur Verschwiegenheit deshalb zu verneinen.

Hinweis: *Hier ist ein anderes Ergebnis gut vertretbar, insbesondere, wenn man auf die Versagung als formelles Kriterium abstellt. Wichtig ist, dass man § 68 II BBG anspricht und auf die vorliegende Situation anwendet.*

2. *Pflicht zum vollen persönlichen Einsatz nach § 61 I 1 BBG*

Fraglich ist weiterhin, ob S dadurch, dass er die inhaltliche Abstimmung seines verwaltungsgerichtlichen Verfahrens mit seinem Anwalt während der Arbeitszeit vorgenommen hat, gegen die Pflicht zum vollen persönlichen Einsatz nach § 61 I 1 BBG verstoßen hat.

Die Pflicht zum vollen persönlichen Einsatz verlangt vom Beamten, dass er sich mit allen körperlichen und geistigen Kräften für den Dienstherrn einbringt und stets eine optimale Pflichterfüllung anstrebt. Das bedeutet im Umkehrschluss, dass private Unternehmungen während der Dienstzeit grundsätzlich zurückgestellt werden müssen. Ausnahmen stellen typische menschliche Bedürfnisse dar, die im Laufe des Dienstes befriedigt werden müssen, wie etwa der Toilettengang, die Nahrungsaufnahme oder bei Rauchern das Rauchen (streitig). Darüber hinaus wäre es wohl lebensfremd, kurze Telefonate mit oder Chatnachrichten an Familienangehörige oder enge Freunde als Verstoß gegen die Pflicht zum vollen persönlichen Einsatz zu werten, wenn und soweit hierdurch das Dienstgeschäft nicht negativ beeinträchtigt wird.

Vorliegend hat S jedoch über einen Zeitraum von ca. zwei Wochen mehrfach mit seinem Rechtsanwalt korrespondiert und dafür in der Summe etwa zehn Stunden aufgewendet. Auch wenn der Sachverhalt, um den es im gerichtlichen Verfahren geht, in einem dienstlichen Kontext steht, ist die Inanspruchnahme anwaltlicher Beratung eine Privatangelegenheit des S und hat daher grundsätzlich in der Freizeit zu erfolgen. Während man sich mit Blick auf dringende Fragen, die kurz geklärt werden könnten, als Dienstvorgesetzter noch nachgiebig zeigen könnte, ist im vorliegenden Sachverhalt durch das zeitliche Ausmaß jedoch jede Toleranzgrenze überschritten.

Im Ergebnis hat S die Pflicht zum vollen persönlichen Einsatz nach § 61 I 1 BBG verletzt.

IV. Pflichtwidrigkeit (5 %)

Fraglich ist, ob das Handeln des S gerechtfertigt sein könnte. Das gerichtliche Verfahren, das S angestrengt hat, hängt zwar inhaltlich mit dem Dienstverhältnis zusammen. Nichtsdestotrotz ist dieses Verfahren privat motiviert, sodass der dienstliche Bezug keinen Rechtfertigungsgrund darstellen kann.

S handelte deshalb im Ergebnis auch pflichtwidrig.

V. Schuldhaftigkeit (15 %)

Fraglich ist, ob S auch schuldhaft handelte. Ein schuldhaftes Dienstvergehen liegt nur vor, wenn der Beamte die Pflichtverletzung vorsätzlich oder fahrlässig begangen hat. S wendete mehrfach mit Wissen und Wollen Dienstzeit auf, um sich mit seinem Anwalt abzustimmen. Mithin handelte S vorsätzlich.

Entschuldigungsgründe sind ebenfalls nicht ersichtlich.

S hat daher im Ergebnis auch schuldhaft gehandelt.

VI. Ergebnis (5 %)

S hat durch seinen schuldhaften Dienstpflichtenverstoß gemäß § 77 I 1 BBG ein Dienstvergehen begangen.

Musterklausur 5: Geiz ist nicht geil

Sachverhalt

PHMin Geizig ist Angehörige der Bundespolizeiinspektion München und dort als Streifen- und Kontrollbeamtin eingesetzt. Am 7. Dezember 2020 gegen 10:00 Uhr wurde der Inspektionsleiter von der zuständigen PI 11 des Polizeipräsidiums München über ein Dienstunfallereignis mit disziplinarrechtlicher Relevanz informiert:

Am 7. Dezember 2020 gegen 01:00 Uhr hat der diensthabende Dienstgruppenleiter der BPOLI München, EPHK Findig, die Streifenbesatzung, bestehend aus PMin Gera und POM Jena, mit einer nicht dienstlich veranlassten Privatfahrt beauftragt. Dieser ging eine Anfrage von PHMin Geizig voraus, welche sich in der Freizeit befand. PHMin Geizig befand sich im Zeitpunkt der Anfrage auf einer privaten Feier im Stadtgebiet München, zu der diese mit ihrem Privat-Pkw anreiste. Mit dem Anruf beim Dienstgruppenleiter war die Bitte verbunden, sie (PHMin Geizig) bei der privaten Feier abzuholen und nach Hause zu fahren. Die benannte Streifenbesatzung erhielt daraufhin vom diensthabenden DGL den Auftrag, PHMin Geizig an der Feierlichkeit abzuholen und nach Hause zu fahren. Dem kam die Streife auch nach.

An der Feierlichkeit angekommen, wartete PHMin Geizig bereits an der Straße und bat die Streifenbesetzung, auch ihr Fahrzeug, dessen Halterin sie auch gleichzeitig ist, nach Hause zu bringen. Grund hierfür sei ein vorangegangener Alkoholkonsum und die Tatsache, dass sie das Fahrzeug in wenigen Stunden für die Wahrnehmung eines Termins dringend benötige. Die Streifenbesatzung erklärte sich hiermit einverstanden. Daraufhin nahm PHMin Geizig am Beifahrersitz ihres Fahrzeugs Platz. POM Jena setzte sich ans Steuer des Privatfahrzeugs und befuhr daraufhin die Landsbergerstraße in München stadtauswärts. Dem Privat-Pkw folgte PMin Gera mit dem Dienst-Pkw, BMW 318d, amtliches Kennzeichen BP-12345. Unmittelbar vor dem Ortsteil Pasing beschreibt die Landsbergerstraße eine leichte Rechtskurve. An diesem Straßenabschnitt neigt sich die Fahrbahn in Fahrtrichtung leicht nach rechts und war zum Unfallzeitpunkt spiegelglatt.

POM Jena kam aufgrund der plötzlich auftretenden Glätte mit dem Privat-Pkw der Geizig ins Schleudern, wodurch das Heck des Fahrzeugs ausbrach.

Durch entsprechende Brems- und Lenkmanöver gelang es POM Jena jedoch, das Fahrzeug zurück in die Fahrspur zu bringen und in Schrittgeschwindigkeit weiterzufahren. Die im Dienstfahrzeug folgende PMin Gera verlor an dieser Stelle ebenfalls die Kontrolle über das Dienstfahrzeug und konnte die Geschwindigkeit des Pkw nicht soweit drosseln, wodurch es zum Zusammenstoß zwischen dem Dienstfahrzeug und dem Privat-Pkw der Betroffenen kam.

Nachdem die Unfallstelle durch die Unfallbeteiligten abgesichert wurde, erfolgte die ordnungsgemäße Unterrichtung der zuständigen unfallaufnehmenden Landespolizei. An beiden Fahrzeugen entstand je ein Sachschaden in Höhe von 3000,00 Euro. Ein Personenschaden ist nicht eingetreten.

Aufgabe

Prüfen Sie gutachterlich, ob hinsichtlich des Verhaltens der PHMin Geizig ein Dienstvergehen vorliegt. Auf etwaige Verstöße gegen Vorschriften in Zusammenhang mit der Corona-Pandemie in Bezug auf die Feierlichkeit ist nicht einzugehen.

Lösungsskizze zur Musterklausur 5

I. Beamteneigenschaft, Anwendbarkeit des BBG / BDG (5 %)

II. Abgrenzung innerdienstlich/außerdienstlich (25 %)

- Hier: außerdienstlich

III. Rechtliche Prüfung der verletzten Dienstpflichten (50 %)

1. Verletzung der Wohlverhaltenspflicht gemäß § 61 I 3 BBG
    - Hier: Pflicht zum rechtmäßigen Verhalten (+)
2. Voraussetzungen des § 77 I 2 BBG
    - Hier (+)

IV. Pflichtwidrigkeit (5 %)

V. Schuldhaftigkeit (Vorwerfbarkeit) (10 %)

- Hier: Vorsatz
- Problem: §§ 20, 21 StGB analog

VI. Einheit des Dienstvergehens

- Punkt entfällt, da nur eine Dienstpflichtverletzung bejaht

Lösungsvorschlag zur Musterklausur 5

Obersatz (5 %):

PHMin Geizig hat ein Dienstvergehen i. S. d. § 77 I BBG begangen, wenn sie schuldhaft eine oder mehrere Dienstpflichten verletzt hat.

I. Beamteneigenschaft, Anwendbarkeit des BBG / BDG (5 %)

Zunächst müsste es sich bei PHMin Geizig um eine Bundesbeamtin handeln, sodass das BBG und das BDG auf sie Anwendung finden. Nach dem Sachverhalt ist Geizig Polizeihauptmeisterin (PHMin) und Angehörige der BPOLI München. Aufgrund der Amtsbezeichnung i. V. m. § 1 I Nr. 5 der Verordnung zu § 1 I Bundespolizeibeamtengesetz (BPolBGV) handelt es sich bei Geizig um eine Polizeivollzugsbeamtin des Bundes, weshalb das Bundespolizeibeamtengesetz (BPolBG) nach seinem § 1 I 1 auf sie Anwendung findet. Gemäß § 2 BPolBG finden auf Geizig auch die allgemein geltenden Vorschriften Anwendung; gemeint ist insbesondere das Bundesbeamtengesetz (BBG). Infolgedessen ist mit Blick auf Geizig auch der Anwendungsbereich des Bundesdisziplinargesetzes (BDG) nach dessen § 1 I eröffnet.

> *Hinweis: Soweit bei diesem Prüfungspunkt keine Probleme auftauchen, reichen in der Regel auch etwas kürzere Ausführungen, um die volle Punktzahl zu erreichen.*

II. Abgrenzung Vorfälle innerdienstlich – außerdienstlich (25 %)

Die Frage, wann ein pflichtwidriges Verhalten als innerdienstliches oder als außerdienstliches Dienstvergehen anzusehen ist, ist in der höchstrichterlichen Rechtsprechung hinreichend geklärt. Die erforderliche Abgrenzung ist nicht bloß anhand einer formellen Dienstbezogenheit (zeitlicher oder örtlicher Zusammenhang), sondern in erster Linie materiell danach vorzunehmen, inwieweit sich das Fehlverhalten auf den Amtsbereich des Beamten ausgewirkt hat (materielle Dienstbezogenheit). Hiernach liegt ein Fehlverhalten außerhalb des Dienstes nur dann vor, wenn es weder formell in das Amt des Beamten noch materiell in die damit verbundene dienstliche Tätigkeit eingebunden war[1].

1 BVerwG, Beschl. vom 28.8.2018 – 2 B 5/18 –, juris Rn. 21.

Nach der ständigen Rechtsprechung des BVerwG richtet sich die Unterscheidung zwischen inner- und außerdienstlichen Verfehlungen nicht entscheidend nach der formalen Dienstbezogenheit. Vielmehr kommt es in erster Linie auf die materielle Dienstbezogenheit an. Abzustellen ist darauf, ob durch das Verhalten inner- oder außerdienstliche Pflichten verletzt sind. Der dienstliche Bereich ist allgemein von demjenigen Lebenskreis eines Beamten abzugrenzen, in dem er von dienstlichen Pflichten frei ist, mag er auch nicht frei von jeglichen beamtenrechtlichen Verpflichtungen sein. Obwohl bei der Abgrenzung von inner- und außerdienstlichem Verhalten in erster Linie eine materielle Betrachtungsweise zugrunde zu legen ist, können auch formale Gesichtspunkte als Indizien herangezogen werden[2]. Für innerdienstliches Verhalten spricht ein funktionaler Zusammenhang zwischen der Pflichtverletzung und dem von dem Beamten bekleideten Amt[3]. Stellt sich das Verhalten des Beamten bei der gebotenen materiellen Betrachtung als das eines Privatmannes dar, ist es als ein außerdienstliches, sonst als innerdienstliches zu würdigen.

Zunächst befand sich die Beamtin bei Anforderung der Streife nicht im Dienst, sodass räumlich und zeitlich keine Beziehung zum Dienst vorlag. Auch ein funktionaler Zusammenhang zwischen der Pflichtverletzung und dem von der Beamtin bekleideten Amt kann durch die Anforderung der Streife nicht gesehen werden. Zwar haben die Beamten durch einen bekannten organisatorischen Ablauf der Inspektion den Umstand genutzt, den DGL, der als Einsatzleiter über die Verwendung von FEM entscheidet, zu informieren und die Streife anzufordern. Grundsätzlich besteht darin aber noch kein Unterschied zu einem Verhalten, das auch jede Privatperson durchführen kann. Auch Privatpersonen könnten jederzeit auf der Polizeiinspektion anrufen und darum bitten, mit dem Dienstfahrzeug abgeholt zu werden und dieses damit als privates Taxi anzusehen.

Das Verhalten von PHMin Geizig ist unter Zugrundlegung der Argumentation der Rechtsprechung demnach als außerdienstliches Fehlverhalten zu werten.

> ***Hinweis:*** *Da vorliegend ein außerdienstliches Fehlverhalten angenommen worden ist, müssen im weiteren Fortgang die Voraussetzungen des § 77 I 2 BBG geprüft werden.*

2 Vgl. BVerwG, Beschl. vom 17.8.2000 – 1 DB 2.00.

3 Vgl. BVerwGE 83, 237 f.

III. Rechtliche Prüfung der verletzten Dienstpflichten (50%)

Durch die Anforderung von dienstlichen Führungs- und Einsatzmitteln sowie die Zweckverfremdung von Amtsträgern zur Verfolgung rein privater Interessen könnte PHMin Geizig gegen ihre Pflicht zu einem achtungs- und vertrauenswürdigen Verhalten verstoßen haben.

1. Verletzung der Wohlverhaltenspflicht gemäß § 61 I 3 BBG

Die mögliche Dienstpflichtverletzung könnte sich hier aus § 61 I 3 BBG ergeben. Demnach muss das Verhalten der Beamten innerhalb und außerhalb des Dienstes der **Achtung** und dem **Vertrauen** gerecht werden, die sein Beruf „erfordern".

Durch ihr Verhalten hat sie den diensthabenden Dienstgruppenleiter sowie die Streifenbesatzung zu einer unerlaubten „Gefälligkeitsfahrt" quasi angestiftet. Als Beamtin musste ihr auch klar sein, dass Privatfahrten während der Dienstzeit grundsätzlich nicht erlaubt sind und die angefragte „Gefälligkeitsfahrt" geeignet ist, den Tatbestand einer Dienstpflichtverletzung zu erfüllen. Das Disziplinarrecht unterscheidet nicht zwischen Täterschaft, Anstiftung oder Beihilfe. Dem Beamten ist die Gefährdung oder Verletzung der geschützten Rechtsgüter gleichermaßen verboten, ob er selbst die Verletzung herbeiführt oder einen anderen zur Verletzung anstiftet.

2. Voraussetzungen des § 77 I 2 BBG

Da außerdienstliches Fehlverhalten grundsätzlich dem privaten Bereich des Beamten zuzuordnen ist und nur ausnahmsweise auch Dienstpflichten verletzen kann, ist ergänzend die tatbestandliche Erweiterung des § 77 I 2 BBG zu prüfen. Demnach muss das Verhalten der Geizig nach den Umständen des Einzelfalles in besonderem Maße geeignet sein, das Vertrauen in einer für ihr Amt (der Geizig) oder das Ansehen des Beamtentums bedeutsamen Weise zu beeinträchtigen. Wenn durch das Verhalten der Beamtin Ansehen und Vertrauen in Bezug auf ihr konkretes Amt beeinträchtigt werden, liegt eine Pflichtverletzung im Hinblick auf die Wohlverhaltensklausel vor. Je näher der Bezug ihres außerdienstlichen Fehlverhaltens zu dem ihr übertragenen Aufgabenbereich ist, umso eher kann davon ausgegangen werden, dass ihr Verhalten geeignet ist, die Achtung und/oder das Vertrauen zu beeinträchtigen, die ihr Beruf erfordert.

Vorliegend hat Geizig in Kenntnis der Tatsache, dass Führungs- und Einsatzmittel aus Steuergeldern finanziert werden, diese ausschließlich zu privaten Zwecken gebraucht. Hierbei wird kein Gemeinwohlinteresse verfolgt, sondern ausschließlich ein privates Handeln zum eigenen wirtschaftlichen Vorteil. Besonders zu berücksichtigten ist hierbei auch, dass gerade Einsatzmittel und entsprechendes Personal, deren Einsatz dem Gemeinwohl dienen soll, während der Zeit der privaten Nutzung nicht zur Verfügung standen und damit eine hoheitliche Aufgabenwahrnehmung im Gemeinwohlinteresse potentiell gefährdet war.

Ein derartiges Fehlverhalten ist deshalb dazu geeignet, das Ansehen der Polizeivollzugsbeamten insgesamt in bedeutsamer Weise zu beeinträchtigen.

Geizig hat daher durch ihr außerdienstliches Verhalten die Wohlverhaltenspflicht aus § 61 I 3 BBG verletzt.

IV. Pflichtwidrigkeit (5 %)

> ***Hinweis:*** *Zwar ist für jede angenommene Pflichtverletzung die Pflichtwidrigkeit gesondert zu prüfen. Sollten aber wie im vorliegenden Fall keine Gründe im Sachverhalt angelegt sein, die auf ein Entfallen der Pflichtwidrigkeit hindeuten, bietet sich an, die Pflichtwidrigkeitsprüfung für alle Pflichtenverstöße gemeinsam darzustellen.*

Fraglich ist, ob das Handeln von PHMin Geizig gerechtfertigt sein könnte.

Rechtfertigungsgründe ergeben sich aus dem Sachverhalt nicht. Unabhängig von einer Alkoholisierung lag auch keine Notsituation vor, die ein derartiges Verhalten rechtfertigen könnte.

PHMin Geizig handelte im Ergebnis daher pflichtwidrig.

> ***Hinweis:*** *Nutzen Sie an dieser Stelle bereits gelerntes Wissen aus dem Strafrecht! Die Rechtfertigungsgründe aus dem Strafrecht könnten auch hier bei der Pflichtwidrigkeit entsprechend angewendet werden!*

V. Schuldhaftigkeit (Vorwerfbarkeit) (10 %)

> ***Hinweis:*** *Auch im Rahmen der Prüfung, ob ein Dienstvergehen vorliegt, kann auf Entschuldigungs- und Schuldausschließungsgründe aus dem Strafrecht in entsprechender Anwendung zurückgegriffen werden. So wird von Seiten der Klausurersteller an dieser Stelle oft eine Problematik in Zusammenhang mit Alkohol eingebaut. Von Ihnen werden dann Ausführungen im Hinblick auf §§ 20, 21 StGB erwartet. Merken Sie sich daher, §§ 20, 21 StGB gelten bei der Prüfung des Dienstvergehens analog!*

Fraglich ist, ob PHMin Geizig auch schuldhaft handelte.

Dies wäre der Fall, wenn sie das Dienstvergehen vorsätzlich oder fahrlässig begangen hätte. Vorsätzlich handelt, wer den disziplinarrechtlichen Tatbestand mit Wissen und Wollen verwirklicht. Hält die Beamtin die Verwirklichung des Tatbestands nur für möglich, nimmt sie ihn jedoch in Kauf, handelt sie bedingt vorsätzlich. Fahrlässigkeit liegt vor, wenn diejenige Sorgfalt außer Acht gelassen wird, zu welcher die Beamtin nach den Umständen des Einzelfalles und ihren persönlichen Kenntnissen und Fähigkeiten verpflichtet und imstande ist. Auch ein fahrlässiges Verhalten kann demnach ein Dienstvergehen darstellen, wobei der Grad der Fahrlässigkeit bei der Bemessung der Disziplinarmaßnahme von Bedeutung sein kann.

Das Verhalten der Geizig ist hier als vorsätzliches Fehlverhalten zu werten. Der Beamtin war aufgrund ihrer eigenen Rolle als Polizeibeamtin bewusst, dass dienstliches Personal sowie dienstliche Führungs- und Einsatzmittel nicht privat, sondern ausschließlich dienstlich verwendet werden dürfen.

Des Weiteren dürften keine Entschuldigungsgründe vorliegen. Die Feststellung des Verschuldens setzt neben Vorsatz oder Fahrlässigkeit auch die Schuldfähigkeit des Beamten voraus. Im Disziplinarrecht werden die Regelungen der §§ 20 und 21 StGB analog angewendet. Liegen die Voraussetzungen des § 20 StGB vor, so entfällt mangels Schuldfähigkeit ein Dienstvergehen. Dagegen ändert das Vorliegen einer verminderten Schuldfähigkeit nach § 21 StGB nichts am Vorliegen einer schuldhaften Dienstpflichtverletzung. Dies kann jedoch im Einzelfall bei der Bemessung der Disziplinarmaßnahme von Bedeutung sein.

Hinweise im Sachverhalt ergeben sich hierzu nicht. Andere Entschuldigungsgründe sind nicht ersichtlich.

Geizig hat im Ergebnis auch schuldhaft gehandelt.

VI. Einheit des Dienstvergehens

> ***Hinweis:*** *Der Punkt Einheit des Dienstvergehens entfällt hier, da nur eine Dienstpflichtverletzung geprüft und bejaht wurde. In so einem Fall muss der Punkt nicht angesprochen werden. Ergeben sich jedoch mehrere geprüfte und bejahte Dienstpflichtverletzungen, muss unbedingt der „Grundsatz der Einheit des Dienstvergehens" von Ihnen angesprochen werden.*

Ergebnis:

Im Ergebnis hat PHMin Geizig gegen die Wohlverhaltenspflicht aus § 61 I 3 BBG verstoßen.

> ***Hinweis:*** *Schließen Sie die Klausur im Gutachtenstil auch immer mit einem Ergebnissatz ab!*

Musterklausur 6: Das Gäubodenvolksfest

Sachverhalt

Am Abend des 20. Oktober 2021 befand sich PHM Krug, Angehöriger der BPOLI München, mit mehreren Bekannten auf dem Gäubodenvolksfest in Straubing. Beim Verlassen des Festgeländes in Begleitung eines der Bekannten stürzte Krug alkoholbedingt in der Nähe eines Seitenausgangs gegen ein dort abgestelltes Fahrrad. Hierbei wurde das Fahrrad beschädigt, indem das Vorderrad sturzbedingt verbog. Im Anschluss wurde PHM Krug von zwei Angehörigen des privaten Sicherheitsdienstes aufgehalten, die den Vorfall beobachtet hatten. Da den Sicherheitsbediensteten die Beschädigung am abgestellten Fahrrad aufgefallen war, entschlossen sich diese, die in unmittelbarer Nähe zum Seitenausgang befindliche Streife der Landespolizei hinzuzuziehen und über den Vorfall zu informieren.

PHM Krug wurde daraufhin von der zuständigen Landespolizei aufgefordert, seine Personalien zum Schutz privater Rechte nach dem BayPAG anzugeben, damit diese aufgrund der erheblichen Beschädigungen an den Eigentümer des Fahrrades weitergegeben werden können. Dies verweigerte PHM Krug allerdings zunächst. Vielmehr äußerte Krug sinngemäß, dass er das Vorgehen der Landespolizeibeamten für unzulässig halte und stieß hierbei eine Grundsatzdiskussion über das Aufgabenfeld der Schutzpolizei, die allgemeine Rechtmäßigkeit von polizeilichen Maßnahmen sowie das Zeugnisverweigerungsrecht an. Nachdem durch diese Diskussion zwischenzeitlich mindestens 20 Minuten vergangen war, bat einer der Beamten der Landespolizei den nebenstehenden Bekannten, dieser möge doch auf PHM Krug beruhigend einwirken. PHM Krug regte sich aber so über die versuchte Einflussnahme des Bekannten auf, dass er in Richtung des mit dem Bekannten sprechenden Beamten auch für andere Festbesucher laut hörbar schrie: „Ich weiß auch nicht, was die Wichser von mir wollen".

Erst nach der Ankündigung, dass nunmehr ein Strafverfahren wegen Beleidung gegen ihn eingeleitet werde und der Androhung, ihn ansonsten mittels unmittelbaren Zwangs zur Dienststelle mitzunehmen, wenn er weiterhin alle Angaben zur Person verweigere, gab dieser seine zutreffenden vollständigen Personaldaten an und wurde aus der polizeilichen Maßnahme entlassen. In der Zwischenzeit war eine weitere angeforderte Streifenbesatzung der Landespolizei zur Unterstützung eingetroffen.

Am nächsten Tag (21. Oktober 2021) erschien PHM Krug auf der zuständigen Landespolizeidienststelle und entschuldigte sich persönlich bei den am Abend zuvor eingesetzten Beamten. Diese entschieden sich daraufhin, den gestellten Strafantrag wegen Beleidung zurückzunehmen. Auch der zuständige Dienstvorgesetzte entschied sich nach einem ausführlichen Gespräch mit PHM Krug, keinen Strafantrag nach § 194 StGB zu stellen.

Aufgabe

Prüfen Sie gutachterlich, ob hinsichtlich des Verhaltens von PHM Krug ein Dienstvergehen vorliegt.

> ***Hinweis:*** *Auf etwaige Verstöße gegen Vorschriften in Zusammenhang mit der Corona-Pandemie ist nicht einzugehen.*

Lösungsskizze zur Musterklausur 6

I. Beamteneigenschaft, Anwendbarkeit des BBG/BDG (5 %)

II. Abgrenzung innerdienstlich/außerdienstlich (10 %)

- Hier: außerdienstlich

III. Rechtliche Prüfung der verletzten Dienstpflichten (60 %)

1. Wohlverhaltenspflicht bzgl. Schaden am Fahrrad
   a) Wohlverhaltensklausel § 61 I 3 BBG
   b) Voraussetzungen des § 77 I 2 BBG
   Hier (–)
2. Wohlverhaltenspflicht bzgl. Beleidigung der Polizeibeamten
   a) Wohlverhaltensklausel § 61 I 3 BBG
   b) Voraussetzungen des § 77 I 2 BBG
   Hier (+)
3. Wohlverhaltenspflicht aufgrund Anforderung Unterstützung weiterer Kräfte Landespolizei
   a) Wohlverhaltensklausel § 61 I 3 BBG
   b) Voraussetzungen des § 77 I 2 BBG
   Hier (+)
4. Wohlverhaltenspflicht wegen Nichtangabe der Personalien
   a) Wohlverhaltensklausel § 61 I 3 BBG
   b) Voraussetzungen des § 77 I 2 BBG
   Hier (+)

IV. Pflichtwidrigkeit (5 %)

V. Schuld(Vorwerfbarkeit) (10 %)

- Hier: Eventualvorsatz; Problem: §§ 20, 21 StGB

VI. Einheit des Dienstvergehens und Ergebnis (5 %)

Lösungsvorschlag zur Musterklausur 6

Obersatz (5 %):

PHM Krug hat ein Dienstvergehen begangen, wenn er gemäß § 77 I BBG schuldhaft eine oder mehrere Dienstpflichten verletzt hat.

I. Beamteneigenschaft, Anwendbarkeit des BBG/BDG (5 %)

Zunächst müsste es sich bei PHM Krug um einen Bundesbeamten handeln, sodass das BBG und das BDG Anwendung finden. Nach dem Sachverhalt ist Krug Polizeihauptmeister und Angehöriger der BPOLI München. Aufgrund der Amtsbezeichnung i. V. m. § 1 I Nr. 5 der Verordnung zu § 1 I Bundespolizeibeamtengesetz (BPolBGV) handelt es sich bei Krug um einen Polizeivollzugsbeamten des Bundes, weshalb das Bundespolizeibeamtengesetz (BPolBG) nach seinem § 1 I auf ihn Anwendung findet. Gemäß § 2 BPolBG finden auf Krug zudem auch die allgemein geltenden Vorschriften Anwendung; gemeint ist insbesondere das Bundesbeamtengesetz (BBG). Infolgedessen ist auch der Anwendungsbereich des Bundesdisziplinargesetzes (BDG) nach dessen § 1 I eröffnet.

II. Abgrenzung Vorfälle innerdienstlich – außerdienstlich (10%)

> ***Hinweis:*** *Bevor die Frage beantwortet wird, ob es sich bei den möglichen Dienstpflichten um inner- oder außerdienstliches Fehlverhalten handelt, sollte man den Überblick behalten, wie viele Dienstpflichten im Raum stehen. Zu diesem Zweck bietet es sich oft an, das Geschehen in einer Art zeitlichen Achse zu beleuchten und demnach „TATKOMPLEXE (TK)" zu bilden.*
>
> *Im vorliegenden Fall würde dies bedeuten, den Sachverhalt bis und nach dem Eintreffen der Landespolizei zu bewerten.*

Die Frage, wann ein pflichtwidriges Verhalten als innerdienstliches oder als außerdienstliches Dienstvergehen anzusehen ist, ist in der höchstrichterlichen Rechtsprechung hinreichend geklärt. Die erforderliche Abgrenzung ist nicht bloß anhand einer formellen Dienstbezogenheit (zeitlicher oder örtlicher Zusammenhang), sondern in erster Linie materiell danach vorzunehmen, inwieweit sich das Fehlverhalten auf den Amtsbereich des Beamten ausgewirkt hat (materielle Dienstbezogenheit). Hiernach liegt ein Fehlverhalten außerhalb des Dienstes (nur dann) vor, wenn es weder formell in das

Amt des Beamten noch materiell in die damit verbundene dienstliche Tätigkeit eingebunden war.

Nach der ständigen Rechtsprechung des BVerwG richtet sich die Unterscheidung zwischen inner- und außerdienstlichen Verfehlungen nicht entscheidend nach der formalen Dienstbezogenheit, das heißt nach der engen räumlichen oder zeitlichen Beziehung zum Dienst. Vielmehr kommt es in erster Linie auf die materielle Dienstbezogenheit an. Abzustellen ist darauf, ob durch das Verhalten inner- oder außerdienstliche Pflichten verletzt sind. Der dienstliche Bereich ist allgemein von demjenigen Lebenskreis eines Beamten abzugrenzen, in dem er von dienstlichen Pflichten frei ist, mag er auch nicht frei von jeglichen beamtenrechtlichen Verpflichtungen sein. Obwohl bei der Abgrenzung von inner- und außerdienstlichem Verhalten in erster Linie eine materielle Betrachtungsweise zugrunde zu legen ist, können auch formale Gesichtspunkte als Indizien herangezogen werden[4]. Für innerdienstliches Verhalten spricht ein funktionaler Zusammenhang zwischen der Pflichtverletzung und dem von dem Beamten bekleideten Amt[5]. Stellt sich das Verhalten des Beamten bei der gebotenen materiellen Betrachtung als das eines Privatmannes dar, ist es als ein außerdienstliches, sonst als innerdienstliches zu würdigen.

Das Verhalten von PHM Krug ist unter Zugrundelegung der Argumentation der Rechtsprechung als außerdienstliches Fehlverhalten zu werten. Ein formeller Dienstbezug lag nicht vor. Der Beamte befand sich nicht im Dienst. Auch räumlich und zeitlich lag keine Beziehung zum Dienst vor.

Auch ein funktionaler Zusammenhang zwischen der Pflichtverletzung und dem von dem Beamten bekleideten Amt kann vorliegend nicht angenommen werden. Zwar hat Krug eine Straftat in Form einer Beleidigung begangen und durch seinen angetrunkenen Zustand einen zivilrechtlichen Schaden verursacht, jedoch stellt sich dieses Verhalten als solches eines Privatmannes dar, auch wenn er von Beruf Polizeibeamter ist. Würde man in jedem außerdienstlichen Verhalten aufgrund des Berufs automatisch eine mögliche innerdienstliche Pflichtverletzung annehmen, wäre der Beamte immer im Dienst und damit ein privater Rückzugsraum, in dem er Privat-

4 BVerwG, Beschl. vom 17.8.2000 – 1 DB 2/00 –, juris Rn. 10.
5 Vgl. BVerwGE 83, 237 f.

mann sein darf, nicht mehr gegeben. Anders wäre die Situation zu betrachten, wenn PHM Krug unter Vorzeigen seines Dienstausweises Einfluss auf die polizeilichen Maßnahmen ausgeübt hätte. Dies ist vorliegend aber im Sachverhalt nicht geschehen.

Insofern lässt sich das Verhalten von Krug als außerdienstliches Verhalten klassifizieren.

> ***Hinweis:*** *Da ein außerdienstliches Fehlverhalten angenommen worden ist, müssen zusätzlich die Voraussetzungen des § 77 I 2 BBG geprüft werden.*

III. Rechtliche Prüfung der verletzten Dienstpflichten (60 %)

Zunächst ist darzulegen, welche Dienstpflichten Krug durch sein Verhalten verletzt haben könnte. Zum einen betrifft dies einen möglichen Schaden am Fahrrad und die Beleidigung der eingesetzten Landespolizeibeamten. Zudem könnten auch die Anforderung weiterer Polizeibeamter als Unterstützungskräfte sowie die Verweigerung der Personalien weitere Pflichtverletzungen darstellen.

1. Wohlverhaltenspflicht bzgl. Schaden am Fahrrad

a) Wohlverhaltensklausel § 61 I 3 BBG

Hinsichtlich des Schadens am Fahrrad könnte ein Verstoß gegen die Wohlverhaltensklausel nach § 61 I 3 BBG in Betracht kommen. Demnach muss das Verhalten der Beamten innerhalb und außerhalb des Dienstes der **Achtung** und dem **Vertrauen** gerecht werden, die sein Beruf „erfordern“.

Zunächst stellt die Herbeiführung eines zivilrechtlichen Schadens für sich allein betrachtet noch nicht ohne Weiteres zugleich auch eine Verletzung der ihm nach § 61 I 3 BBG obliegenden Dienstpflicht dar.

Nur wenn durch das Verhalten des Beamten Ansehen und Vertrauen in Bezug auf sein konkretes Amt beeinträchtigt werden, liegt eine Pflichtverletzung im Hinblick auf die Wohlverhaltensklausel vor. Je näher der Bezug seines außerdienstlichen Fehlverhaltens zu dem ihm übertragenen Aufgabenbereich ist, umso eher kann davon ausgegangen werden, dass sein Verhalten geeignet ist, die Achtung und/oder das Vertrauen zu beeinträchtigen, die sein Beruf erfordert.

Betrachtet man den zivilrechtlichen Schaden isoliert ohne das Begleitverhalten von Krug, muss dies verneint werden. Zwar mag durch die Beschädigung des Fahrrades ein Fehlverhalten und damit ein Verstoß gegen eine Rechtsnorm gesehen werden. Damit ist aber nicht zwingend eine geforderte Beeinträchtigung von Achtung und Vertrauen in den Beruf eines Polizeibeamten automatisch verbunden, dessen Aufgabenwahrnehmung im Bereich des Gefahrenabwehrrechts und der Strafverfolgung liegt. Zwar liegt auch in der Verletzung des Eigentums als absolut geschütztem Recht ein Unrechtsgehalt. Da mangels anderweitiger Angaben im Sachverhalt kein vorsätzliches Verhalten von Krug angenommen werden kann, ist die Schwelle der Strafbarkeit zur Sachbeschädigung noch nicht erreicht.

Von einer Dienstpflichtverletzung ist somit nicht auszugehen (a. A. mit Hinweis auf das in § 823 I BGB absolut geschützte Eigentumsrecht vertretbar).

b) Voraussetzungen des § 77 I 2 BBG

Selbst für den Fall, dass man vorliegend zur Bejahung einer Dienstpflichtverletzung aus § 61 I 3 BBG kommt, müssen aufgrund der außerdienstlichen Begehensweise die Voraussetzungen des § 77 I 2 BBG vorliegen.

Da außerdienstliches Fehlverhalten grundsätzlich dem privaten Bereich des Beamten zuzuordnen ist und nur ausnahmsweise auch Dienstpflichten verletzen kann, ist ergänzend die tatbestandliche Erweiterung des § 77 I 2 BBG zu prüfen. Demnach muss das Verhalten des Krug nach den Umständen des Einzelfalles in besonderem Maße geeignet sein, das Vertrauen in einer für sein Amt oder das Ansehen des Beamtentums bedeutsamen Weise zu beeinträchtigen.

Der mögliche zivilrechtliche Schadensanspruch ist auch ausschließlich auf Geld gerichtet, sodass im Verhalten und in der verletzten Norm noch kein derartiger Unrechtsgehalt gesehen werden kann, der geeignet ist, die Achtung und/oder das Vertrauen, welches der Beruf von Krug erfordert, zu beeinträchtigen und damit die Schwelle des § 77 I 2 BBG zu überschreiten.

2. Wohlverhaltenspflicht bzgl. Beleidigung der Polizeibeamten

a) Wohlverhaltensklausel § 61 I 3 BBG

Die Wohlverhaltenspflicht verlangt von Beamten, dass ihr Verhalten auch außerhalb des Dienstes der Achtung und dem Vertrauen gerecht werden muss, die ihr Beruf erfordert.

Durch seine getätigten Äußerungen hat Krug den Tatbestand der Beleidigung nach § 185 StGB erfüllt und somit seine Pflicht zum rechtmäßigen Handeln verletzt. Von einem Polizeibeamten muss erwartet werden können, dass er sich auch im privaten Bereich an die Pflicht zum rechtmäßigen Verhalten hält. Es ist gerade Aufgabe der Polizei, Straftaten aufzuklären und den Strafverfolgungsanspruch des Staates zu gewährleisten und nicht selbst strafbares Verhalten zu zeigen.

b) Voraussetzungen des § 77 I 2 BBG

Da außerdienstliches Fehlverhalten grundsätzlich dem privaten Bereich des Beamten zuzuordnen ist und nur ausnahmsweise auch Dienstpflichten verletzen kann, ist auch hier ergänzend die tatbestandliche Erweiterung des § 77 I 2 BBG zu prüfen. Demnach muss das Verhalten von Krug nach den Umständen des Einzelfalles in besonderem Maße geeignet sein, das Vertrauen in einer für sein Amt oder das Ansehen des Beamtentums bedeutsamen Weise zu beeinträchtigen. Die besondere Verwerflichkeit und die damit erfolgte Vertrauensbeeinträchtigung in den Beruf des Krug liegt insbesondere darin, dass PVB zur Verhütung und Aufklärung von Straftaten berufen sind und nicht dazu, selbst welche zu begehen. Ein derartiges Fehlverhalten ist deshalb dazu geeignet, das Ansehen der Polizeivollzugsbeamten insgesamt in bedeutsamer Weise zu beeinträchtigen. Die Aufklärung von Straftaten ist Teil der Aufgabe, die gerade aus der funktionalen Aufgabenwahrnehmung hervorgeht und erwartet wird. PVB sind aus Sicht der Bevölkerung gerade dazu berufen, Straftaten zu verhindern oder aufzuklären.

> ***Hinweis**: Der Ersteller hat absichtlich den fehlenden Strafantrag bzw. die Rücknahme des Strafantrages in die Klausur eingebaut. Dieses Problem muss von Ihnen angesprochen werden.*

Daran ändert auch nicht, dass der zuständige Dienstvorgesetzte den Strafantrag i. S. v. § 194 StGB nicht gestellt bzw. die beleidigten Beamten als Antragsberechtigte ebenfalls einen Antrag nicht gestellt oder zurückgenommen haben. Bei der Beleidigung nach § 185 StGB handelt es sich um ein absolutes Antragsdelikt; ohne einen Strafantrag besteht folglich ein Strafverfolgungshindernis. Zwar mag es sein, dass durch das Fehlen oder die Rücknahme eines Strafantrages ein Ausgleich in Form von Strafe und

Sühne im Über-/Unterordnungsverhältnis Staat-Bürger nicht mehr angezeigt ist. Dies gilt jedoch nicht für das Beamtenverhältnis und die damit verbundenen Pflichten des Beamten im Außenverhältnis Dienstherr-Bürger. Da gerade mit dem Beamtenrecht und den damit verbundenen Pflichten im Rechtskreis des Dienst- und Treueverhältnisses andere Zwecke als mit dem Strafrecht verbunden werden, kann der Wegfall eines Strafantrages nicht dazu führen, Pflichtverletzungen zu verneinen.

Im Ergebnis hat N gegen die Wohlverhaltenspflicht aus § 61 I 3 BBG verstoßen.

3. *Wohlverhaltenspflicht aufgrund Anforderung Unterstützung weiterer Kräfte der Landespolizei*

a) Wohlverhaltensklausel § 61 I 3 BBG

Hinsichtlich der Wohlverhaltensklausel aus § 61 I 3 BBG kann auf o. g. Ausführungen verwiesen werden.

> ***Hinweis:*** *An diesen Stellen, wenn sich Definitionen oder Ausführungen aufgrund mehrerer Dienstpflichten wiederholen, reicht ein Verweis auf das bereits einmal Ausgeführte. Hierdurch ersparen Sie sich Schreibzeit und langweilen den Korrektor nicht mit bereits gemachten Ausführungen.*

b) Voraussetzungen § 77 I 2 BBG

Im Rahmen der gesetzlichen Aufgaben obliegt PHM Krug nicht nur die Aufklärung und Verhütung von Straftaten als repressive Aufgabe. Vielmehr gehören auch die Prävention und damit der gesetzliche Auftrag der Gefahrenabwehr zur funktionalen Wahrnehmung, die der Beruf erfordert. Krug verhielt sich gegenüber den Beamten der Landespolizei nicht nur wie dargelegt beleidigend, sondern verursachte durch sein Verhalten des Störens einen weiteren Polizeieinsatz. So musste eine weitere Streifenbesatzung Beamte hinzugezogen werden, da zu befürchten war, dass die Situation eskaliert. Ein Polizeivollzugsbeamter, der als Verhaltensstörer Adressat mehrerer polizeilicher präventiver Maßnahmen, wohlgemerkt unter Androhung des unmittelbaren Zwanges, ist, setzt sich durch das festgestellte außerdienstliche Verhalten in Widerspruch zu seinem gesetzlichen Auftrag der Gefahrenabwehr und stellt die Beachtung des Kernbereichs seiner Dienstpflichten in Frage. Denn es gehört zu seinem Aufgabenbereich, Gefahren für die öffentliche Sicherheit und Ordnung abzuwehren und zumindest außerhalb des Dienstes Maßnahmen eines Sicherheitsorgans nicht zu behindern. Das von PHM Krug gezeigte Verhalten ist deshalb auch unter Berücksichtigung der konkreten Umstände grundsätzlich in besonderer Weise geeignet, Achtung und Vertrauen in Bezug auf sein konkret-funktionales Amt als Polizeivollzugsbeamter in bedeutsamer Weise zu beeinträchtigen. Das Auslösen von „unnötiger Mehrarbeit" in Form des zusätzlichen Polizeieinsatzes muss ebenso im Hinblick auf den Status als Polizeibeamter besonders vertrauensbeeinträchtigend gewertet werden[6].

Auch diesbezüglich liegt ein Verstoß gegen die Wohlverhaltensklausel nach § 61 I 3 BBG vor.

4. Wohlverhaltenspflicht aus § 61 I 3 BBG wegen Nichtangabe der Personalien

a) *Wohlverhaltensklausel § 61 I 3 BBG*

Indem Krug die Angabe seiner Personalien gegenüber den Polizeibeamten der Landespolizei verweigerte, könnte er abermals gegen die Wohlverhaltenspflicht des § 61 I 3 BBG verstoßen haben. Gemäß § 111 I OWiG handelt ordnungswidrig, wer einem zuständigen Amtsträger die Angabe seiner Personalien verweigert. Bei den eingesetzten Polizeibeamten handelte es sich um die zuständigen Amtsträger. Auch hier zählt die Kenntnis über die Personalien zu den Kernaufgaben eines Polizeibeamten, da sie zur Aufgabenwahrnehmung (Gefahrenabwehr und Strafverfolgung) erforderlich sind.

b) *Voraussetzungen § 77 I 2 BBG*

Das Verhalten von PHM Krug steht daher auch unter Verweis auf o. g. Ausführungen in Widerspruch zu seinem gesetzlichen Auftrag der Gefahrenabwehr und Strafverfolgung und stellt die Beachtung des Kernbereichs seiner Dienstpflichten in Frage. Im Übrigen kann auf o. g. Ausführungen verwiesen werden.

Im Ergebnis hat PHM Krug gegen die Wohlverhaltenspflicht aus § 61 I 3 BBG verstoßen.

---

6 VG Berlin, Urt. vom 20.9.2012 – 80 K 30 12 OL –, juris Rn. 22.

IV. Pflichtwidrigkeit (5 %)

> ***Hinweis:*** *Zwar ist für jede angenommene Pflichtverletzung die Pflichtwidrigkeit gesondert zu prüfen. Sollten aber, wie im vorliegenden Fall, keine Gründe im Sachverhalt angelegt sein, die auf ein Entfallen der Pflichtwidrigkeit hindeuten, bietet sich an, die Pflichtwidrigkeitsprüfung für alle Pflichtenverstöße gemeinsam darzustellen.*

Fraglich ist, ob das Handeln von PHM Krug gerechtfertigt sein könnte.

Hinsichtlich der angenommenen Pflichtverletzungen sind Rechtfertigungsgründe nicht ersichtlich.

PHM Krug handelte im Ergebnis auch pflichtwidrig.

> ***Hinweis***: *Nutzen Sie an dieser Stelle bereits gelerntes Wissen aus dem Strafrecht! Die Rechtfertigungsgründe aus dem Strafrecht könnten auch hier bei der Pflichtwidrigkeit angewendet werden!*

V. Schuldhaftigkeit (Vorwerfbarkeit) (10 %)

Fraglich ist, ob PHM Krug auch vorwerfbar und damit schuldhaft handelte. Dies wäre der Fall, wenn er das Dienstvergehen vorsätzlich oder fahrlässig begangen hätte.

Ein Dienstvergehen muss entweder vorsätzlich oder fahrlässig begangen worden sein. Der Beamte hat ein Dienstvergehen vorsätzlich begangen, wenn er die ihm obliegenden Pflichten mit Wissen und mit Wollen verletzt hat. Von einem vorsätzlichen Handeln ist daher auszugehen, wenn der Beamte bewusst und gewollt das Verhalten verwirklicht, welches die Pflichtverletzung begründet. Hierzu genügt bereits ein bedingter Vorsatz, der dann gegeben ist, wenn die Pflichtverletzung billigend in Kauf genommen worden ist.

Eine fahrlässige Dienstpflichtverletzung ist dann anzunehmen, wenn der Beamte die erforderliche Sorgfalt außer Acht lässt, zu der er nach den Umständen des Einzelfalles und nach seinen persönlichen Kenntnissen und Fähigkeiten verpflichtet und imstande ist.

> ***Hinweis**: Auch an dieser Stelle muss die Vorwerfbarkeit hinsichtlich jeder bejahten und angesprochenen Dienstpflichtverletzung geprüft werden. Es ist aber auch hier möglich, bei durchgängigem Vorsatz oder Fahrlässigkeit zusammenzufassen und Definitionen nur einmal zu bringen.*

Hinsichtlich der Beleidigung, der Verweigerung der Personalien sowie der Verzögerung des Einsatzes kann von vorsätzlichem Handeln ausgegangen werden. Bereits mit der Ansprache der Landespolizeibeamten und der damit verbundenen Personalienfeststellung wusste PHM Krug, dass er Adressat einer gefahrenabwehrenden Maßnahme war. Hierfür spricht gerade der Umstand, dass sich im Zuge der polizeilichen Maßnahme eine Diskussion über die Rechtmäßigkeit entwickelte, die schließlich mit der Androhung unmittelbaren Zwangs endete. PHM Krug setzte sich damit auch gewollt über die Verpflichtung eines Adressaten polizeilicher Maßnahmen hinweg.

Hinsichtlich der Beleidung als Vorsatzdelikt war ihm ebenfalls bekannt und bewusst, dass mit der Aussage eine ehrverletzende Äußerung verbunden war.

> ***Hinweis**: Auch im Rahmen der Prüfung, ob ein Dienstvergehen vorliegt, kann auf Entschuldigungs- und Schuldausschließungsgründe aus dem Strafrecht zurückgegriffen werden. So wird von Seiten des Klausurerstellers an dieser Stelle oft eine Problematik in Zusammenhang mit Alkohol eingebaut. An dieser Stelle sind dann von Ihnen Ausführungen im Hinblick auf §§ 20, 21 StGB zu machen. Merken Sie sich daher, §§ 20, 21 StGB gelten bei der Prüfung des Dienstvergehens analog!*

Des Weiteren dürften keine Entschuldigungsgründe vorliegen. Im Disziplinarrecht werden die Regelungen der §§ 20, 21 StGB analog angewendet. Nach der strafgerichtlichen Rechtsprechung kommt eine Anwendbarkeit des § 21 StGB erst ab einer BAK von 2,0 Promille, eine Anwendbarkeit des § 20 StGB erst ab 3,0 Promille in Betracht.

Da sich im Sachverhalt allerdings keine Angaben zur BAK finden, muss davon ausgegangen werden, dass im Hinblick auf das alkoholbedingte Verhalten die Regelungen von §§ 20, 21 StGB analog nicht vorliegen.

Andere Entschuldigungsgründe sind nicht ersichtlich.

PHM Krug hat daher im Ergebnis auch bezüglich der Dienstpflichtverletzung schuldhaft gehandelt.

VI. Einheit des Dienstvergehens und Ergebnis (5 %)

Die drei von PHM Krug begangenen Dienstpflichtenverstöße sind nach dem Grundsatz der Einheit des Dienstvergehens gemäß § 77 I 1 BBG als ein Dienstvergehen zu würdigen.

Ergebnis:

Im Ergebnis hat PHM Krug gegen die Wohlverhaltenspflicht aus § 61 I 3 BBG verstoßen.

> ***Hinweis:*** *Schließen Sie die Klausur im Gutachtenstil auch immer mit einem Ergebnissatz ab!*

Musterklausur 7: Ein Polizeidirektor in der Kommunalpolitik

Sachverhalt

Polizeidirektor Peter Schlau (S) war viele Jahre bei der Landespolizei Schleswig-Holstein tätig und wurde mit Wirkung vom 1. April 2023 zur Bundespolizei versetzt. S wohnt in Lübeck und engagiert sich in seiner Freizeit in der Kommunalpolitik. Für die anstehende Kommunalwahl am 14. Mai 2023 kandidiert S auf der Liste der C-Partei für den Lübecker Stadtrat. Um die Wähler über seine politischen Schwerpunkte (u. a. Kampf gegen Korruption) zu informieren, hat S bereits im Januar 2023 einen persönlichen Wahlkampf-Flyer gestaltet. Die Vorderseite besteht aus einer Portraitaufnahme des S, darunter findet sich der Schriftzug *„Peter Schlau – Polizeidirektor mit großer Erfahrung als Ermittler in Korruptionsfällen"*. S hat 2000 Exemplare dieses Flyers drucken lassen und verteilt diese seit Anfang März 2023 jedes Wochenende an Wahlkampfständen in der Lübecker Altstadt.

Gleich in der ersten Woche seiner Tätigkeit bei der Bundespolizei bekommt S durch den „Flurfunk" mit, dass es bei dem Präsidenten seiner Dienststelle mehrfach zu „Unregelmäßigkeiten" im Zusammenhang mit der Annahme von Geschenken und sonstigen Vorteilen in Bezug auf dessen Amt gekommen sein soll. S führt daraufhin mit mehreren Kolleginnen und Kollegen Gespräche und bekommt den Eindruck, dass zwar alle von diesen Unregelmäßigkeiten, die durchaus strafrechtliche Relevanz aufweisen, wissen, aber niemand sich traut, etwas zu unternehmen. Da S davon überzeugt ist, dass an den Vorwürfen „etwas dran ist" und ihm sein Gewissen keine Ruhe lässt, wendet er sich in seiner Freizeit an die zuständige Staatsanwaltschaft und sagt dort umfassend gegen seinen Präsidenten aus.

Aufgabe

Prüfen Sie gutachterlich (ggf. hilfsgutachterlich), ob S ein Dienstvergehen nach § 77 I 1 BBG begangen hat. (100 %)

Lösungsskizze zur Musterklausur 7

I. Beamteneigenschaft, Anwendbarkeit des BBG/BDG (10 %): (+)

II. Abgrenzung nach Vorfällen, inner-/außerdienstlich (15 %):

1. Wahlwerbung unter Bezugnahme auf amtliche Stellung, innerdienstlich
2. Aussage bei StA über behördeninterne Vorgänge, innerdienstlich

III. Pflichtverletzungen (50 %):

1. Pflicht zur politischen Mäßigung, § 60 II BBG (+)
2. Verschwiegenheitspflicht, § 67 I BBG (–)

IV. Pflichtwidrigkeit (5 %): (+)

V. Schuldhaftigkeit (10 %): (+)

VI. Einheit des Dienstvergehens (5 %): (+)

VII. Ergebnis (5 %)

Lösungsvorschlag zur Musterklausur 7

Der Obersatz könnte lauten: S hat ein Dienstvergehen nach § 77 I 1 BBG begangen, wenn er als Bundesbeamter schuldhaft eine oder mehrere Dienstpflichten verletzt hat.

I. Beamteneigenschaft (10 %)

S müsste ein Bundesbeamter sein, sodass das BBG und das BDG auf ihn Anwendung finden.

S ist Polizeidirektor und seit dem 1. April 2023 Angehöriger der Bundespolizei. Aufgrund der Dienstbezeichnung i. V. m. § 1 der Verordnung zu § 1 I Bundespolizeibeamtengesetz (BPolBG) handelt es sich bei S um einen Polizeivollzugsbeamten des Bundes, weshalb das BPolBG nach seinem § 1 I 1 auf ihn Anwendung findet. Gemäß § 2 BPolBG finden auf S auch die allgemein geltenden Vorschriften Anwendung; gemeint ist insbesondere das Bundesbeamtengesetz (BBG). Infolgedessen ist mit Blick auf S auch der Anwendungsbereich des Bundesdisziplinargesetzes (BDG) nach dessen § 1 I eröffnet.

Für sein Verhalten vor dem 1. April 2023 kann S hingegen nicht nach dem Dienstrecht des Bundes verantwortlich gemacht werden. Mögliche Verstöße gegen das Dienstrecht des Landes Schleswig-Holstein sind nicht zu prüfen.

II. Abgrenzung nach Vorfällen, inner-/außerdienstlich (15 %)

Der Sachverhalt ist in zwei Vorfälle zu untergliedern:

Der erste Vorfall betrifft die Wahlwerbung des S unter Bezugnahme auf seine amtliche Stellung. Ein formeller Dienstbezug liegt nicht vor, da die Wahlkampfaktivitäten außerhalb des Dienstes (Ort/Zeit) stattfinden. Auch ein materieller Dienstbezug ist zu bejahen, da S durch den Hinweis auf sein Statusamt (Polizeidirektor) und seine dienstliche Tätigkeit (erfahrener Ermittler in Korruptionsfällen) eine funktionale Beziehung zwischen seinem Verhalten (Wahlkampf) und seiner amtlichen Tätigkeit herstellt. Mithin ist dieser Vorfall als innerdienstlich zu bewerten.

Den zweiten Vorfall stellt die Aussage des S bei der Staatsanwaltschaft über behördeninterne Vorgänge dar. Ein formeller Dienstbezug ist gegeben. Obwohl sich S außerhalb des Dienstes (Ort/Zeit) an die Staatsanwaltschaft wendet, ist davon auszugehen, dass er sich im Rahmen seiner „umfassenden Aussage“ als Amtsträger ausgibt und auch als solcher wahrgenommen wird (a. A. vertretbar). Auch ein materieller Dienstbezug liegt vor, da S die Angelegenheiten, über die er aussagt, aufgrund seiner Amtsstellung in Erfahrung gebracht hat, und die Aussage gegenüber der Staatsanwaltschaft möglicherweise konkrete Auswirkungen auf die amtliche Stellung des Präsidenten der Dienststelle hat. Eine funktionale Beziehung zwischen dem Verhalten des S (die Aussage vor der Staatsanwaltschaft) und seiner amtlichen Stellung ist deshalb zu bejahen. Dieser Vorfall ist mithin als innerdienstlich zu bewerten.

III. Verletzte Dienstpflichten (50 %)

1. Vorfall: Pflicht zur politischen Mäßigung, § 60 II BBG

S könnte gegen die Pflicht zur politischen Mäßigung nach § 60 II BBG verstoßen haben, indem er auf seinem Wahlwerbeflyer die Formulierung *„Peter Schlau – Polizeidirektor mit großer Erfahrung als Ermittler in Korruptionsfällen“* gewählt hat.

Die Pflicht zur Mäßigung und Zurückhaltung erfordert unter anderem, es zu unterlassen, einen übermäßigen Bezug zwischen dem bekleideten Amt und der eigenen politischen Agenda herzustellen, sog. unzulässiger Amtsbonus (*Grigoleit* in Battis, BBG, § 60 Rn. 21).

Indem S sein Statusamt (Polizeidirektor) und Schwerpunkte seiner dienstlichen Tätigkeit (Ermittler in Korruptionsfällen) nennt, stellt er eine in dieser Form unzulässige inhaltliche Verbindung zwischen seinem Amt und seiner politischen Agenda (Kampf gegen Korruption) her. Die bloße Nennung der Amtsbezeichnung hingegen wäre wohl nicht zu beanstanden gewesen (vgl. VGH Kassel, NVwZ 2006, 610, 611).

Relevant ist allerdings nur der Zeitraum seit dem 1. April 2023, denn zuvor war S noch Landesbeamter und könnte deshalb allenfalls ein Dienstvergehen nach dem schleswig-holstein'schen Landesrecht begangen haben. Dies ist hier aber nicht zu prüfen.

Im Ergebnis ist ein Verstoß gegen § 60 II BBG zu bejahen.

2. Vorfall: Verschwiegenheitspflicht, § 67 I BBG

S könnte, indem er sich mit einem innerdienstlichen Vorgang direkt an die Staatsanwaltschaft gewandt hat, gegen die Verschwiegenheitspflicht nach § 67 I BBG verstoßen haben.

Grundsätzlich haben Beamte über die ihnen bei oder bei Gelegenheit ihrer amtlichen Tätigkeit bekannt gewordenen dienstlichen Angelegenheiten Verschwiegenheit zu bewahren, § 67 I BBG. Fraglich ist, ob eine Ausnahme i. S. v. Absatz 2 einschlägig ist:

- Nr. 1: Es handelt sich jedenfalls nicht um eine Mitteilung, die im dienstlichen Verkehr geboten ist, was sich aus § 67 III BBG ergibt.
- Nr. 2: Es liegt auch kein Fall von offenkundigen oder solchen Tatsachen vor, die keiner Geheimhaltung bedürfen.
- Nr. 3: Allerdings könnte die Privilegierung der Anzeige von Korruptionsstraftaten einschlägig sein. Der Präsident steht im Verdacht, ein strafrechtlich relevantes Verhalten im Zusammenhang mit der Annahme von Geschenken und sonstigen Vorteilen an den Tag gelegt zu haben. Da S gegenüber einer Strafverfolgungsbehörde einen durch Tatsachen begründeten Verdacht einer Korruptionsstraftat anzeigt, gilt die Pflicht zur Verschwiegenheit nach § 67 I BBG nicht.

Da die Ausnahme nach § 67 II Nr. 3 BBG einschlägig ist, liegt ein Verstoß gegen die Verschwiegenheitspflicht nicht vor.

IV. Pflichtwidrigkeit (5 %)

Die Pflichtwidrigkeit wird durch die Verwirklichung des objektiven Dienstpflichttatbestands indiziert. Rechtfertigungsgründe sind nicht ersichtlich.

V. Schuldhaftigkeit (10 %)

Mit Blick auf den Verstoß gegen die Pflicht zur politischen Mäßigung handelte S jedenfalls fahrlässig. Hätte er die im Verkehr erforderliche Sorgfalt an den Tag gelegt, hätte er erkennen müssen, dass die gewählte Formulierung auf dem Wahlwerbeflyer nicht im Einklang mit den Dienstpflichten eines Beamten steht.

Entschuldigungs- oder Schuldausschließungsgründe liegen nicht vor.

VI. Einheit des Dienstvergehens (5 %)

Da vorliegend „nur“ eine Dienstpflicht verletzt worden ist, muss auf den Grundsatz der Einheit des Dienstvergehens nach § 77 I 1 BBG nicht eingegangen werden.

VII. Ergebnis (5 %)

S hat schuldhaft gegen die Pflicht zur politischen Mäßigung nach § 60 II BBG verstoßen und damit ein Dienstvergehen nach § 77 I 1 BBG begangen.

D. Musterklausuren zum formellen Disziplinarrecht

Musterklausur 1

Aufgaben

Aufgabe 1

An welchen Stellen des Disziplinarverfahrens wirkt sich ein wegen desselben Sachverhalts eingeleitetes Strafverfahren aus? Stellen Sie die relevanten Auswirkungen chronologisch anhand der einschlägigen Normen dar. (50 %)

Aufgabe 2

Gegen P wird am 1. Oktober 2023 mittels Disziplinarverfügung eine Geldbuße verhängt. Diese wird aufgrund einer Rechtsmittelverzichtserklärung am selben Tag unanfechtbar. (30 %)

a) Wie lange darf die Geldbuße bei Personalmaßnahmen berücksichtigt werden und wie lange verbleibt die Maßnahme in der Personalakte? Stellen Sie die Rechtslage anhand der einschlägigen Normen dar.

b) Ändert sich an Ihrer Antwort etwas, wenn P ordnungsgemäß einen Antrag nach § 16 III 4 BDG auf Unterbleiben der Entfernung stellt und die Maßnahme daher dauerhaft in der Personalakte verbleibt?

Aufgabe 3

PHM P (Beamter bei der BPOLI Dortmund im Zuständigkeitsbereich der BPOLD St. Augustin) hat mehrere illegale Glücksspiele auf seinem Grundstück veranstaltet und wurde deshalb vom zuständigen Amtsgericht wegen Strafbarkeit gemäß § 284 StGB rechtskräftig zu einer Geldstrafe verurteilt. Wegen dieses Vorfalls hat der Leiter der BPOLI Dortmund ein Disziplinarverfahren gegen P eingeleitet. (20 %)

a) Welche Disziplinarmaßnahmen können gegen P im Rahmen eines Disziplinarverfahrens wegen dieses Rechtsverstoßes verhängt werden? Begründen Sie Ihre Antwort anhand der einschlägigen Normen.

b) Welche Entscheidungen zum Abschluss des Disziplinarverfahrens kommen in Betracht, wenn Sie zur Auffassung gelangen, dass im Hinblick auf die Schwere des Dienstvergehens eine Kürzung der Dienstbezüge angemessen wäre? Von welchen Faktoren hängt Ihre Abschlussentscheidung ab? Wer wäre für den Erlass jeweils zuständig? Begründen Sie Ihre Antwort anhand der einschlägigen Normen.

c) Welche Abschlussentscheidung müsste getroffen werden, wenn Sie zur Auffassung gelangen, dass eine Zurückstufung angemessen wäre? Wer wäre für die Entscheidung zuständig? Begründen Sie Ihre Antwort anhand der einschlägigen Normen.

Lösungsvorschlag zur Musterklausur 1

Aufgabe 1 (50 %)

1. Übermittlung von Unterlagen, § 115 BBG

Zu jeder Zeit im Disziplinarverfahren – also nicht zwingend in der Chronologie zu Beginn – besteht die Möglichkeit, dass relevante Unterlagen zum laufenden Strafverfahren gegen einen Beamten von den Strafverfolgungsbehörden an den zuständigen Dienstvorgesetzten, § 115 VII BBG, übermittelt werden. Nach § 115 I BBG müssen im Falle der Anklageerhebung gegen den Beamten bestimmte, in der Norm näher spezifizierte Unterlagen und Informationen übermittelt werden (obligatorische Übermittlung). Bei Fahrlässigkeitstaten gilt dies jedoch nur unter den in § 115 II BBG genannten Einschränkungen. Nach § 115 IV BBG besteht darüber hinaus die Möglichkeit der Übermittlung zu allen anderen Zeitpunkten im strafrechtlichen Ermittlungsverfahren (fakultative Übermittlung).

2. Einleitungsentscheidung, § 17 II 1 i. V. m. § 14 BDG

Gemäß § 17 II 1 BDG darf kein Disziplinarverfahren eingeleitet werden, sofern gegen den Beamten ein Strafverfahren geführt und rechtskräftig abgeschlossen wurde, wenn mit an Sicherheit grenzender Wahrscheinlichkeit zu erwarten ist, dass am Ende des Disziplinarverfahrens eine Disziplinarmaßnahme wegen § 14 BDG nicht in Betracht kommt.

3. Aussetzung, § 22 BDG

Nach erfolgter Einleitung eines Disziplinarverfahrens ist sogleich zu prüfen, ob eine Aussetzung in Betracht kommt. Gemäß § 22 I 1 BDG muss das Disziplinarverfahren ausgesetzt werden, wenn es im Strafverfahren bereits zur Anklageerhebung bzw. zur Anberaumung einer mündlichen Verhandlung nach Einspruch gegen einen Strafbefehl gekommen ist (obligatorische Aussetzung). Nach § 22 III 1 BDG kann das Disziplinarverfahren darüber hinaus zu jedem anderen Zeitpunkt des Strafverfahrens ausgesetzt werden, da aus dem Strafverfahren in aller Regel wertvolle Erkenntnisse für das Disziplinarverfahren zu erwarten sind (fakultative Aussetzung).

4. *Übernahme tatsächlicher Feststellungen und Vornahme eigener Ermittlungen, §§ 21 II, 23 BDG*

Nach § 23 I BDG sind die tatsächlichen Feststellungen aus einem rechtskräftigen Strafurteil für ein Disziplinarverfahren, das denselben Sachverhalt zum Gegenstand hat, bindend. In diesem Fall dürfen keine weiteren Ermittlungen hierzu durchgeführt werden, § 21 II 1 BDG.

Sofern das Strafverfahren anders als durch Urteil abgeschlossen wird (z. B. durch Strafbefehl oder Einstellung gemäß §§ 153 ff., 170 II StPO) können die in den Abschlussentscheidungen enthaltenen tatsächlichen Feststellungen – sofern sachdienlich – ohne nochmalige Prüfung auch im Disziplinarverfahren zugrunde gelegt werden, § 23 II BDG. Korrespondierend dazu kann in diesem Fall von eigenen Ermittlungen abgesehen werden, § 21 II 2 BDG.

5. *Maßregelverbot, § 14 BDG*

Nach § 14 I BDG dürfen bei rechtskräftiger strafrechtlicher Sanktionierung ein Verweis, eine Geldbuße und eine Kürzung des Ruhegehalts im Disziplinarverfahren nicht mehr verhängt werden (Nr. 1). Eine Kürzung der Dienstbezüge kommt in diesem Fall nur in Betracht, wenn dies zusätzlich erforderlich ist, um den Beamten zur ordnungsgemäßen Pflichterfüllung anzuhalten (insbesondere bei uneinsichtigen Beamten und Wiederholungstätern, Nr. 2). Eine Entfernung und Zurückstufung sind hingegen weiterhin möglich, da sich der Regelungsbereich des § 14 I BDG nicht auf diese Disziplinarmaßnahmen erstreckt.

Sofern der Beamte im Strafverfahren rechtskräftig freigesprochen wurde, darf wegen dieses Verstoßes grundsätzlich keine Disziplinarmaßnahme verhängt werden, § 14 II BDG. Etwas anderes gilt nur dann, wenn eine disziplinare Verfehlung verbleibt, auf welche sich der strafrechtliche Freispruch nicht erstreckt (disziplinarer Überhang).

6. *Korrekturmöglichkeit bei nachträglicher Entscheidung im Strafverfahren, § 36 BDG*

Auf Antrag des Beamten muss eine Disziplinarverfügung aufgehoben werden, wenn nach Eintritt der Unanfechtbarkeit eine rechtskräftige strafrechtliche Entscheidung ergeht, nach der die disziplinarrechtlich getroffene Maßnahme gemäß § 14 BDG unzulässig wäre, § 36 I BDG. Der Antrag muss innerhalb von drei Monaten ab Kenntniserlangung von der strafrechtlichen Entscheidung gestellt werden, § 36 II BDG.

Aufgabe 2 (30 %)

Teil a)

Gemäß § 16 I BDG darf die Geldbuße drei Jahre bei Personalmaßnahmen berücksichtigt werden. Nach Ablauf dieser Zeit gilt P als von der Maßnahme nicht betroffen, § 16 I 2 BDG, und die entsprechenden Eintragungen in der Personalakte werden von Amts wegen entfernt und vernichtet, § 16 III 1 BDG. Die Frist beginnt mit der Unanfechtbarkeit der Disziplinarverfügung, § 16 II 1 BDG.

Die Fristberechnung richtet sich nach § 3 BDG i. V. m. § 31 VwVfG i. V. m. §§ 187 ff. BGB. Gemäß § 187 I BGB wird der Tag, in welchen das fristauslösende Ereignis fällt, bei der Fristberechnung nicht mitgerechnet. Fristbeginn ist demzufolge der 2. Oktober 2023. Das Fristende ist bei einer Drei-Jahres-Frist der 1. Oktober 2026, § 188 II BGB, es sei denn, bei diesem Tag handelt es sich um einen Samstag, Sonntag oder gesetzlichen Feiertag. In diesen Fällen endet die Frist mit Ablauf des nächsten Werktages, § 31 III VwVfG.

Teil b)

Das dauerhafte Verbleiben der Maßnahme in der Personalakte auf Antrag des Beamten gemäß § 16 III 4 BDG hat keine Auswirkungen auf den Eintritt des Verwertungsverbots. Dies ergibt sich aus § 16 III 6 BDG, wonach das Verwertungsverbot bei den Eintragungen zur Maßnahme zu vermerken ist. Ziel des Verbleibens in der Akte ist es lediglich, bestimmte positive Feststellungen zugunsten des Beamten auch über das Verwertungsverbot hinaus zu erhalten.

Aufgabe 3 (20 %)

Teil a)

Gemäß § 14 I Nr. 1 BDG sind die Verhängung eines Verweises und einer Geldbuße nicht mehr möglich. Eine Kürzung der Dienstbezüge darf nur verhängt werden, wenn dies zusätzlich erforderlich ist, um den Beamten zur ordnungsgemäßen Pflichterfüllung anzuhalten, § 14 I Nr. 2 BDG. Dies ist insbesondere bei uneinsichtigen Beamten und Wiederholungstätern anzunehmen. Eine Zurückstufung und Entfernung aus dem Dienst können weiterhin verhängt werden, da diese Maßnahmen nicht vom Regelungsbereich des § 14 I BDG umfasst sind.

Teil b)

In Betracht kommt zum einen eine Einstellungsverfügung gemäß § 32 I Nr. 3 i. V. m. § 14 I Nr. 2 BDG, sofern keine Maßnahme erforderlich ist, um den Beamten zur Pflichterfüllung anzuhalten. Zum anderen ist eine Kürzung der Dienstbezüge mittels Disziplinarverfügung gemäß § 33 I BDG möglich, sofern diese Maßnahme erforderlich ist, um den Beamten zur Pflichterfüllung anzuhalten. Letzteres ist insbesondere bei uneinsichtigen Beamten und Wiederholungstätern der Fall. Zuständig für die Einstellungsverfügung ist der Leiter der BPOLI Dortmund, da dieser das Disziplinarverfahren eingeleitet hat (sofern der Vorgang nicht zwischenzeitlich an die Direktion St. Augustin abgegeben wurde). Zuständig für die Disziplinarverfügung ist der Präsident der BPOLD St. Augustin.

Teil c)

In diesem Fall müsste eine Disziplinarverfügung gemäß § 33 I BDG erlassen werden. Zuständig hierfür wäre das BMI, welches diese Befugnis auf das BPOLP übertragen kann, § 33 IV, V BDG.

> ***Hinweis**: Seit dem 1. April 2024 ist die Disziplinarklage als prozessuales Instrument abgeschafft. Sämtliche Disziplinarmaßnahmen werden ab diesem Zeitpunkt mittels Disziplinarverfügung ausgesprochen.*

Musterklausur 2

Aufgaben

Aufgabe 1

Erläutern Sie den Unterschied zwischen materiellem und formellem Disziplinarrecht. (20 %)

Aufgabe 2

Wird ein Disziplinarverfahren eingeleitet, so findet sich auf der Einleitungsverfügung u. a. das Datum der Einleitung. Nennen Sie mehrere Fristenregelungen, für die das Datum der Einleitung von Bedeutung ist. (20 %)

Aufgabe 3

Stellen Sie die verschiedenen Möglichkeiten dar, wie ein disziplinarer Sachverhalt vor das Verwaltungsgericht (VG) kommen kann. (25 %)

Aufgabe 4

Eine wesentliche Funktion des Disziplinarrechts ist die sog. Schutzfunktion, d. h. das disziplinare Verfahrensrecht soll den betroffenen Beamten (vor dem Dienstherrn, vor Kollegen, vor der Öffentlichkeit, ggf. vor sich selbst) schützen. Benennen Sie mehrere Regelungen, die das Verfahrensrecht zum Schutz des Beamten bereithält. (25 %)

Aufgabe 5

In seltenen Fällen bzw. Konstellationen kann es vorkommen, dass ein Strafverfahren erst nach einem sachgleichen Disziplinarverfahren beendet wird. Wie ist zu verfahren, wenn die ausgesprochene Disziplinarmaßnahme unter Beachtung von § 14 I BDG eigentlich gar nicht hätte verfügt werden dürfen? (10 %)

Lösungsvorschlag zur Musterklausur 2

Aufgabe 1 (20 %)

> ***Hinweis:*** *Die Aufgabenstellung ist mit der Formulierung „Erläutern Sie (...)“ weit gefasst. In Kombination mit einer Gewichtung von 20 % bedeutet dies, dass Sie relativ weit ausholen können. Achten Sie dabei darauf, Ihre Antwort entsprechend der Aufgabe zu strukturieren, Fachsprache zu verwenden und auf das Gesetz Bezug zu nehmen.*

Unter materiellem Disziplinarrecht versteht man diejenigen Regelungen, die ein disziplinarwürdiges Fehlverhalten kodifizieren. Diese Regelungen finden sich ganz überwiegend im Bundesbeamtengesetz (BBG). Zu nennen ist insbesondere § 77 I 1 BBG, der den Begriff des Dienstvergehens als schuldhafte Verletzung einer oder mehrerer Dienstpflichten definiert. Die Dienstpflichten wiederum finden sich ganz überwiegend im Abschnitt über die allgemeinen Pflichten und Rechte, §§ 60–86 BBG.

Das formelle Disziplinarrecht stellt das disziplinare Verfahrensrecht dar. Es beinhaltet alle Regelungen mit Blick auf das behördliche und das gerichtliche Disziplinarverfahren und ist im Bundesdisziplinargesetz (BDG) normiert. Das in Ausbildung und Praxis besonders relevante behördliche Disziplinarverfahren untergliedert sich in die drei Abschnitte Einleitung (§§ 17 ff. BDG), Durchführung (§§ 20 ff. BDG) und Abschluss (§§ 32 ff. BDG).

Aufgabe 2 (20 %)

§§ 4, 62 BDG: Disziplinarverfahren sind beschleunigt durchzuführen, das behördliche Verfahren soll grundsätzlich nicht länger als sechs Monate (ab Einleitung) dauern. Ohne Datum der Einleitung können die sechs Monate nicht bestimmt werden.

§ 15 IV BDG: Die „Verjährungsfristen“ des § 15 I–III BDG werden durch die Einleitung eines Disziplinarverfahrens unterbrochen. Ohne Datum der Einleitung bleibt unklar, wenn genau die Frist unterbrochen worden ist.

§ 16 II 2 BDG: Die Frist für das Verwertungsverbot endet nicht, wenn vor Ablauf ein (neues) Disziplinarverfahren eingeleitet worden ist. Ohne Datum der Einleitung bleibt unklar, ob das Verwertungsverbot greift.

§ 20 I BDG: Der Beamte ist unverzüglich nach der Einleitung über diese zu unterrichten. Ohne Datum der Einleitung kann die Unverzüglichkeit (ohne schuldhaftes Zögern) nur schwer beurteilt werden.

Aufgabe 3 (25 %)

Sofern gegen den Beamten ein Verweis, eine Geldbuße, eine Kürzung der Dienstbezüge, eine Zurückstufung oder die Entfernung aus dem Beamtenverhältnis oder auch eine belastende Einstellungsverfügung (vgl. § 32 I Nr. 2–4 BDG) verfügt worden sind, kann er sich im Wege des Widerspruchs nach § 41 BDG dagegen zur Wehr setzen. Reagiert die Widerspruchsbehörde hierauf durch Widerspruchsbescheid nach § 42 BDG, so steht dem Beamten der Klageweg zum VG offen.

Darüber hinaus kann sich der Beamte während des noch laufenden behördlichen Disziplinarverfahrens nach § 62 BDG an das VG wenden. Voraussetzung ist die Überzeugung des Beamten, dass die Behörde unter Missachtung des Beschleunigungsgrundsatzes agiert.

Dasselbe gilt hinsichtlich § 63 BDG. Der Beamte wird diesen Antrag während des laufenden behördlichen Disziplinarverfahrens stellen, wenn er sich (allein) gegen die vorläufige Dienstenthebung nach § 38 I BDG und/oder die Einbehaltung von Dienstbezügen nach § 38 II BDG zur Wehr setzen möchte.

Aufgabe 4 (25 %)

§ 20 I BDG: Der Beamte ist unverzüglich über die gegen ihn erhobenen Vorwürfe zu unterrichten und über seine Rechte zu belehren. Im Falle einer fehlenden oder fehlerhaften Belehrung greift § 20 III BDG.

§§ 20 II, 30 BDG: Der Beamte darf sich mündlich und schriftlich (ggf. unter Zuhilfenahme eines Rechtsanwalts, vgl. § 20 I 3 BDG) zu den Vorwürfen äußern, und das mindestens zweimal, typischerweise zu Beginn des Verfahrens und in jedem Fall kurz vor Abschluss.

§ 24 III BDG: Der Beamte darf Beweisanträge stellen, denen stattzugeben ist, soweit sie für die Tat- oder Schuldfrage oder für die Bemessung der Art und Höhe einer Disziplinarmaßnahme von Bedeutung sein können.

§ 24 IV BDG: Der Beamte darf grundsätzlich bei der Vernehmung von Zeugen und Sachverständigen sowie der Einnahme des Augenscheins teilnehmen und sachdienliche Fragen stellen. Nur ausnahmsweise darf er hiervon ausgeschlossen werden, bspw. wenn zu befürchten ist, dass sich seine bloße Anwesenheit einschüchternd auf einen Zeugen auswirken könnte.

Aufgabe 5 (10 %)

> ***Hinweis:*** *Wenn man § 36 BDG nicht kennt, kann man diese Frage eigentlich nicht beantworten. Nehmen Sie sich deshalb während der Klausurvorbereitung ausreichend Zeit, das Gesetz (insbesondere das BDG) einfach mal durchzugehen, und zwar auch solche Paragrafen, die Sie in den Lehrveranstaltungen nicht explizit besprochen haben.*

Der Gesetzgeber hat für diese Fälle § 36 BDG geschaffen: Grundsätzlich wird in einem solchen Fall die Disziplinarverfügung aufgehoben und das Disziplinarverfahren eingestellt. Der Beamte hat ab Kenntnis der Entscheidung im Strafverfahren drei Monate Zeit, einen entsprechenden Antrag bei seinem Dienstvorgesetzten zu stellen. Tut er dies nicht, so verbleibt es bei einer doppelten Ahndung seines Fehlverhaltens.

Musterklausur 3

Aufgaben

Aufgabe 1

Erläutern Sie den Begriff der „zwingenden dienstlichen Gründe" i. S. v. § 66 BBG und erläutern Sie im Anschluss die formellen Voraussetzungen von § 66 BBG. (20 %)

Aufgabe 2 (20 %)

Mit dem „Gesetz zur Beschleunigung von Disziplinarverfahren in der Bundesverwaltung und zur Änderung weiterer dienstrechtlicher Vorschriften"[7] möchte der Gesetzgeber finanzielle Fehlanreize des geltenden Disziplinarklagesystems korrigieren. Nach dem bisher geltenden Recht verbleiben den Beamten und Beamtinnen bis zur Rechtskraft der gerichtlichen Entfernungsentscheidung gezahlte Bezüge. Mit einer künftigen Kombination aus § 40 II 1 BDG und § 10 III 4 Nr. 2 BDG kann es passieren, dass neben den bereits einbehaltenen Bezügen auch die gezahlten Teilbezüge mit rechtskräftiger gerichtlicher Entscheidung über die Entfernung des Beamten bei Verstößen gegen die beamtenrechtliche Verfassungstreuepflicht seit Zustellung der Disziplinarverfügung durch den Beamten oder die Beamtin zu erstatten sind.

Erläutern Sie, ob hierbei rechtliche Bedenken bestehen.

Aufgabe 3 (10 %)

Erläutern Sie das Individualprinzip im Zuge der Einleitung eines Disziplinarverfahrens nach § 17 I BDG.

Aufgabe 4 (20 %)

Was versteht man unter der „Abänderungsbefugnis" aus § 35 III 2 BDG im Zusammenhang mit einer erlassenen Einstellungsverfügung.

---

7 BGBl. I Nr. 389 vom 22.12.2023.

Aufgabe 5 (3 %)

Teil a)

Erläutern Sie den Sinn und Zweck von § 14 BDG im Zuge einer vorangegangenen strafrechtlichen rechtskräftigen Verurteilung.

Teil b)

Was versteht man im Kontext von § 14 BDG und den Stichwörtern „Sachverhaltsidentität" und „disziplinarer Überhang"?

Teil c)

Nennen Sie je ein Beispiel im Zusammenhang mit begangenen Straftaten des Beamten, bei dem eine Sachverhaltsidentität bzw. ein disziplinarer Überhang besteht.

Lösungsvorschlag zur Musterklausur 3

Aufgabe 1 (20 %)

Zwingende dienstliche Gründe

Das Tatbestandsmerkmal der zwingenden dienstlichen Gründe stellt zunächst einen sogenannten unbestimmten Rechtsbegriff dar, unterliegt aber der vollen gerichtlichen Nachprüfung.

Zwingende dienstliche Gründe liegen demnach vor, wenn eine weitere Ausübung der Dienstgeschäfte durch den Beamten nicht vertretbar erscheint, weil andernfalls mit großer Wahrscheinlichkeit schwerwiegende Beeinträchtigungen der Funktionsfähigkeit der Verwaltung, Dritter oder des Beamten selbst drohen oder andere gewichtige dienstliche Nachteile ernsthaft zu besorgen sind[8]. Weder bedarf es einer Wiederholungsgefahr noch eines bestimmten Öffentlichkeitsbezugs.

Wichtig ist hierbei zu erkennen, dass bei der Frage, ob zwingende dienstliche Gründe vorliegen, dies einer gesonderten Prüfung im Einzelfall bedarf. Erforderlich ist nicht, dass alle Zweifel am zugrundeliegenden Sachverhalt ausgeräumt werden, bevor ein Verbot der Dienstgeschäfte ausgesprochen werden darf.

Da es beim Verbot der Dienstgeschäfte (umgangssprachlich Zwangsbeurlaubung) auch um den Schutz des Beamten, Dritter bzw. des Dienstherrn geht, hat die Norm präventiven Charakter.

> ***Hinweis:*** *Als Beispiele können hierbei traumatische Erlebnisse im Dienst, Schusswaffengebrauch oder auch Auffälligkeiten in Bezug auf Medikamente, Alkohol oder Drogen genannt werden.*

Formelle Voraussetzungen von § 66 BBG

a) Keine Einleitung D-Verfahren

Anders als die mit § 66 BBG oft verwechselte Norm des § 38 BDG verlangt das Verbot der Führung der Dienstgeschäfte keine zwingende Einleitung eines formellen Disziplinarverfahrens.

8 Vgl. BVerwG, Beschl. vom 19.11.1998 – 1 WB 36/98 –.

Das Gesetz stellt klar, dass ein Verbot der Dienstgeschäfte dann erlischt, wenn nicht bis zum Ablauf von drei Monaten gegen den Beamten ein Disziplinarverfahren oder ein sonstiges, auf die Rücknahme der Ernennung oder auf die Beendigung des Beamtenverhältnisses gerichtetes Verfahren eingeleitet wird.

Strittig ist die Frage, welche Auswirkung im Hinblick auf die Drei-Monats-Frist nach Einleitung eines Disziplinarverfahrens oder eines sonstigen Verfahrens besteht. So wird vertreten, dass selbst nach Einleitung eines Disziplinarverfahrens die Dienstbehörde nicht gehindert sei, nur die Führung der Dienstgeschäfte zu verbieten. Nach anderer Ansicht erlischt das Verbot der Führung der Dienstgeschäfte nach Ablauf der gesetzlichen Frist trotz Einleitung eines Disziplinarverfahrens oder sonstigen Verfahrens. Dies entspricht aber weder dem Wortlaut noch dem Sinn und Zweck der Vorschrift. Zum einen stellt das eingeleitete Disziplinarverfahren nicht die Grundlage für die Zwangsbeurlaubung dar. Zum anderen würde es auch der Funktion des Verbotes der Führung der Dienstgeschäfte widersprechen, im Rahmen der verwaltungsgerichtlichen Kontrolle im einstweiligen Rechtsschutzverfahren gleichzeitig auch die gesetzlichen Voraussetzungen der Einleitungsverfügung im Disziplinarverfahren oder dem sonstigen Verfahren zu überprüfen.

b) Anordnungskompetenz § 66 BBG

Auch im Bereich der Anordnungskompetenz liegt diese im Fall des § 66 BBG bei den Behördenleitern für die jeweils unterstellten Beamten[9] mit Ausnahme der Angehörigen des höheren Dienstes. Es besteht ein Regelungsvorbehalt für das BMI. Insofern ergibt sich zunächst kein großer Unterschied zur Anordnungskompetenz nach § 38 BDG.

Im Fall des § 66 BBG wird jeder Vorgesetzte (nicht Dienstvorgesetzte) in der Bundespolizei ermächtigt, den ihm unterstellten Beamten vorübergehend die Dienstausübung ganz oder teilweise zu untersagen, wenn eine Gefährdung der öffentlichen Sicherheit oder Ordnung bzw. eine Störung des Dienstes zu befürchten ist. Der zuständige Dienstvorgesetzte ist im An-

---

9 Vgl. BMI, Erlass vom 20.7.1998 – B I 3 – 660 210/24.

schluss unverzüglich zu unterrichten. Dieser entscheidet nach pflichtgemäßem Ermessen, ob die Maßnahme aufgehoben wird oder eine Maßnahme i. S. v. § 66 BBG zu beantragen ist.

Aufgabe 2 (20 %)

Die Rückzahlungsverpflichtung könnte dem Alimentationsgrundsatz entgegenstehen. Hierbei handelt es sich um einen hergebrachten Grundsatz des Berufsbeamtentums nach Art. 33 V GG. Nach dem Willen des Gesetzgebers sollen auch Rechtsbehelfe gegen Disziplinarverfügungen aufschiebende Wirkung und damit zunächst keine Auswirkungen auf den Beamtenstatus und den damit verbundenen Grundsatz der Alimentierung haben.[10] Allerdings soll der Anspruch auf Rückerstattung Fehlanreize durch die zum Teil lang andauernden und ggf. verzögerten gerichtlichen Klageverfahren minimieren und damit der Verfahrensbeschleunigung dienen.[11] Der Gesetzgeber räumt damit dem Interesse des Staates bei Verstoß gegen die Verfassungstreuepflicht bzgl. der Rückerstattung einen Vorrang vor materiellen Interessen des Beamten ein.[12] Problematisch erscheint zudem, dass die Rückzahlungsverpflichtung bei Verstößen gegen die Verfassungstreuepflicht auch gegen den Gleichheitsgrundsatz nach Art. 3 I GG verstoßen könnte. Maßstab für Entfernungen aus dem Dienst ist grundsätzlich der endgültige Vertrauensverlust. Fraglich wäre daher, ob hierbei wesentlich Gleiches ohne hinreichenden objektiven Sachgrund ungleich behandelt wird, da die Rückzahlungsverpflichtung nur in den Fällen eintreten soll, in denen der Beamten gegen seine verfassungsrechtliche Treuepflicht verstoßen hat. Beamte müssen sich aber durch ihr gesamtes Verhalten zur freiheitlich-demokratischen Grundordnung im Sinne des Grundgesetzes bekennen und für deren Erhaltung eintreten. Die verfassungsrechtliche Treuepflicht stellt damit ebenso einen hergebrachten Grundsatz des Berufsbeamtentums nach Art. 33 V GG dar, was somit als objektiver Sachgrund im Hinblick auf die Bedeutungskraft des verfassungsmäßigen Handelns zu werten ist.

---

10 BT-Drs. 20/6435, S. 21.

11 Ebenda, S. 40.

12 *Bretschneider/Pers*, NVwZ 2024 S. 16 (18).

Aufgabe 3 (10%)

Disziplinarverfahren können stets nur gegen den einzelnen Beamten eingeleitet werden. Die Durchführung eines kollektiven Disziplinarverfahrens gegen mehrere Betroffene, die in den gleichen disziplinarrechtlich relevanten Sachverhalt verwickelt sind, ist nicht zulässig. Selbst wenn sich gegen mehrere Beamte wegen eines gemeinsam begangenen Dienstvergehens identische Vorwürfe ergeben, müssen diese in separat einzuleitenden und einzeln durchzuführenden Disziplinarverfahren aufgeklärt werden. Die Einleitung eines Disziplinarverfahrens setzt stets voraus, dass ein konkreter Beamter in Verdacht steht. Einleitungen gegen „Unbekannt" sind nicht möglich.

Aufgabe 4 (20 %)

Zuständig für den Erlass der Einstellungsverfügung ist immer der Dienstvorgesetzte. Der höhere Dienstvorgesetzte und die oberste Dienstbehörde können jedoch das Disziplinarverfahren im Rahmen ihrer Abänderungsbefugnis selbst einstellen. Eine formelle oder materielle Rechtskraft ist aber nicht vorgesehen. Vielmehr steht dem nächsthöheren Dienstvorgesetzen und der obersten Dienstbehörde eine zeitlich befristete Abänderungsbefugnis zu. Dies kann in der Konsequenz dazu führen, dass trotz Erlass einer Einstellungsverfügung durch den nächsthöheren Dienstvorgesetzen wegen des Sachverhalts eine Disziplinarmaßnahme durch Erlass einer Disziplinarverfügung verhängt wird oder die Disziplinarklage erhoben wird. Erst nach Ablauf von drei Monaten ab Zustellung einer Einleitungsverfügung ist eine abweichende Entscheidung der höheren Disziplinarbehörden ausgeschlossen, es sei denn, es ergeht wegen desselben Sachverhalts ein rechtskräftiges Urteil aufgrund abweichender tatsächlicher Feststellungen.

Aufgabe 5 (30 %)

Teil a)

§ 14 BDG regelt das sogenannte Maßnahmeverbot. Verfolgen Strafen aus dem Strafverfahren und der Ausspruch einer Disziplinarmaßnahme unterschiedliche Zwecke, kann auf die Verhängung einer Disziplinarmaßnahme verzichtet werden, wenn sie zur Sicherung der Funktionsfähigkeit der öffentlichen Verwaltung nicht mehr erforderlich scheint. Vorliegend greift daher zum Schutz des Beamten das Rechtstaatlichkeitsgebot im Hinblick auf das Verbot zur Verhängung unverhältnismäßiger Regelungen und Maßnahmen.

Teil b)

Sachverhaltsidentität

§ 14 BDG greift immer dann, wenn wegen „desselben Sachverhalts" eine straf- oder bußgeldrechtliche Sanktion rechtskräftig verhängt wurde. Sachverhaltsidentität bedeutet in diesem Zusammenhang, dass das festgestellte Dienstvergehen nicht über den Sachverhalt des rechtskräftigen Straf- oder Bußgeldurteils bzw. des zugrundeliegenden Verfahrens (auch Strafbefehl oder Bußgeldbescheid) hinausgeht.

Disziplinarer Überhang

Ein disziplinarer Überhang besteht dann, wenn das strafrechtlich nicht relevante Verhalten eine als Dienstvergehen zu bewertende Dienstpflichtverletzung darstellt.

Teil c)

Beispiel Sachverhaltsidentität

Der Polizeibeamte PHM B wird im Rahmen einer außerdienstlichen Trunkenheitsfahrt durch die zuständige Landespolizei einer allgemeinen Verkehrskontrolle unterzogen. Hierbei wird Alkoholgeruch festgestellt. Die anschließende Blutentnahme ergibt einen BAK von 1,6 Promille. Gegen den Beamten B wird ein Strafverfahren wegen fahrlässiger Trunkenheit § 316 II StGB eingeleitet.

Im vorliegenden Sachverhalt war der Beamte B aufgrund der absoluten Fahruntüchtigkeit von 1,6 Promille nicht in der Lage, ein Kraftfahrzeug sicher zu führen. Dies stellte die Straftat nach § 316 StGB dar. Durch diese außerdienstliche Straftat hat der Beamte (unterstellt, er ist zum Führen von Kraftfahrzeugen betraut) gleichzeitig mit der Tat auch eine Dienstpflichtverletzung aufgrund Verstoßes gegen die allgemeine Wohlverhaltenspflicht aus § 61 I 3 BBG begangen. Ein und derselben Tat liegt daher sowohl eine strafrechtliche Relevanz als auch eine dienstrechtliche Relevanz zu Grunde.

Beispiel eines disziplinaren Überhanges

Gleicher Sachverhalt wie oben, dieses Mal wird allerdings PHM B wenige Minuten nach Dienstende auf dem Nachhauseweg von der Dienststelle einer polizeilichen Verkehrskontrolle unterzogen. Auch hierbei wird ein BAK von 1,6 Promille festgestellt.

Im vorliegenden Sachverhalt besteht wie oben im Hinblick auf die außerdienstliche Trunkenheitsfahrt Sachverhaltsidentität. Der Umstand allerdings, dass PHM B auch während des Dienstes alkoholisiert war, ist strafrechtlich irrelevant. Allerdings liegt bzgl. dieses Umstandes eine weitere Dienstpflichtverletzung vor, deren Tathandlung allerdings für das Strafverfahren keine Rolle spielt. Diesbezüglich spricht man von einem disziplinaren Überhang.

Musterklausur 4

Aufgaben

Aufgabe 1 (30 %)

Im Rahmen der angestrebten Änderungen des Bundesdisziplinargesetzes soll künftig die Möglichkeit der Disziplinarklage entfallen.

a) Erläutern Sie kurz, was unter dem bisherigen Begriff der Disziplinarklage zu verstehen ist.

b) Erläutern Sie das Interesse des Gesetzgebers bezüglich des gesetzlichen Wegfalls der Disziplinarklage.

Aufgabe 2 (20 %)

a) Erläutern Sie den Sinn und Zweck des Beschleunigungsgrundsatzes im Disziplinarrecht.

b) Welche spezielle Rechtschutzmöglichkeit für den betroffenen Beamten sieht der Gesetzgeber bei der Durchsetzung des Beschleunigungsgrundsatzes vor?

Aufgabe 3 (30 %)

a) Ist ein Beamter bei Einleitung eines Disziplinarverfahrens oder im Rahmen von Vorermittlungen dienstlich verpflichtet, an einem Atemalkoholtest mitzuwirken und würde bei Weigerung des Beamten M ein Verstoß gegen die Gehorsamspflicht vorliegen?

b) Dürfte ein Atemalkoholtest zur Klärung der Dienst- und Einsatzfähigkeit verweigert werden, wenn dabei die Gefahr besteht, dass sich der Beamte auch in einem möglichen Disziplinarverfahren damit belastet? Erläutern Sie hierzu das Problem der „Doppelverwertung".

Aufgabe 4 (20 %)

Als Ermittlungsführer in einem Disziplinarverfahren gegen PHM X beabsichtigen Sie, den Zeugen Z mündlich zu vernehmen.

a) Was gilt es in Bezug auf die mögliche Anwesenheit von X bei der Zeugenvernehmung zu beachten?

b) Nennen und erläutern Sie kurz mögliche Ausnahmen i. S. v. § 24 IV BDG.

c) Unterstellt, X würde sich im Rahmen einer zeugenschaftlichen Vernehmung von Z durch seinen Rechtsanwalt L vertreten lassen.

Lösungsvorschlag zur Musterklausur 4:

Aufgabe 1 (30 %)

Im Rahmen der angestrebten Änderungen des Bundesdisziplinargesetzes soll künftig die Möglichkeit der Disziplinarklage entfallen.

a) Erläutern Sie kurz, was unter dem bisherigen Begriff der Disziplinarklage zu verstehen ist.

Mit dem Begriff der Disziplinarklage ist diejenige Situation gemeint, in der die Behörde gegen den Beamten klagt. Ziel der Behörde ist dabei die Zurückstufung oder die Entfernung des Beamten aus dem Dienst (vgl. § 5 BDG). Von der Disziplinarklage ist die Anfechtungsklage zu unterscheiden. Diese betrifft die Konstellation, dass der Beamte gegen den Dienstherrn klagt, da die Abschlussentscheidung (ggf. auch Einstellungsverfügung) oder die zu verhängende Disziplinarmaßnahme den Beamten in seinen Rechten verletzt (belastender Verwaltungsakt) und er sich hiergegen zur Wehr setzt.

Mit der geplanten Änderung soll die Behörde künftig alle Disziplinarmaßnahmen durch Verwaltungsakt selbst erlassen können. Als Folge müssen betroffene Beamte bzw. Beamtinnen künftig mit den bereits gesetzlich geregelten Rechtsbehelfen (Widerspruch und Anfechtungsklage) gegen die Disziplinarverfügung vorgehen.

b) Erläutern Sie das Interesse des Gesetzgebers bezüglich des gesetzlichen Wegfalls der Disziplinarklage.

Um eine Beschleunigung der Disziplinarverfahren zu erreichen, sollen künftig sämtliche Disziplinarmaßnahmen durch Disziplinarverfügung ausgesprochen werden. Ein wesentlicher Grund für die lange Dauer von Disziplinarverfahren ist, dass die Disziplinarbehörden Entfernungen und andere statusrelevante Maßnahmen nicht selbst aussprechen dürfen, sondern über eine Disziplinarklage eine gerichtliche Entscheidung beantragen müssen. Gegen die Entscheidung des Verwaltungsgerichts ist die Berufung stets zulässig, so dass der Entscheidungsprozess in der Regel aus drei Stufen besteht: Gelangt die Disziplinarbehörde im Rahmen des behördlichen Disziplinarverfahrens zu der Überzeugung, dass eine Zurückstufung, eine Entfernung aus dem Beamtenverhältnis oder eine Aberkennung des Ruhegehalts erforderlich ist, hat sie vor dem Verwaltungsgericht Disziplinarklage zu erheben (§ 34 I BDG geltender Fassung). Das Verwaltungsgericht entscheidet im Rahmen einer eigenständigen, vom Antrag des Dienstherrn unabhängigen Disziplinarbefugnis über die Klage und spricht gegebenenfalls die erforderliche Disziplinarmaßnahme aufgrund einer eigenen Bemessungsentscheidung nach § 13 BDG geltender Fassung (erstmals) aus. Gegen dieses Urteil des Verwaltungsgerichts steht den Beteiligten stets zulassungsfrei die Berufung beim Oberverwaltungsgericht zu (§ 64 I BDG geltender Fassung). Mit dem vorgesehenen Wechsel zur umfassenden behördlichen Disziplinarbefugnis können die Disziplinarbehörden selbst sämtliche Disziplinarmaßnahmen aussprechen. Durch die Vorverlagerung der Entscheidung über die Disziplinarmaßnahme auf die behördliche Ebene ist ein schnellerer Abschluss des Disziplinarverfahrens möglich. Lässt die Beamtin, der Beamte, die Ruhestandsbeamtin oder der Ruhestandsbeamte die Disziplinarverfügung in Bestandskraft erwachsen, findet eine gerichtliche Befassung mit der Disziplinarmaßnahme in diesen Fällen schon nicht mehr statt. Erhebt der oder die Betroffene hingegen Anfechtungsklage, prüft das Verwaltungsgericht die Disziplinarverfügung. Da die schärfsten Disziplinarmaßnahmen, die Entfernung aus dem Beamtenverhältnis und die Aberkennung des Ruhegehalts, als gebundene Entscheidungen ausgestaltet sind, unterliegt die Disziplinarverfügung mangels Beurteilungs- und Ermessensspielräumen der Verwaltung der umfassenden gerichtlichen Kontrolle. Effektiver nachgelagerter Rechtsschutz wird hierdurch sichergestellt. Die Berufung gegen das Urteil steht den Beteiligten zu, wenn diese durch das Verwaltungsgericht oder das Oberverwaltungsgericht wegen des Vorliegens eines der Zulassungsgründe nach § 124 II der Verwaltungsgerichtsordnung (VwGO) zugelassen wird. Wird die Berufung nicht zugelassen, ergibt sich eine Verkürzung des Entscheidungsprozesses, die zu einer deutlichen Beschleunigung führt.

Aufgabe 2 (20 %)

a) Erläutern Sie den Sinn und Zweck des Beschleunigungsgrundsatzes im Disziplinarrecht.

Das Beschleunigungsgebot ist in § 4 BDG verankert und legt dem Dienstherrn die Forderung auf, Disziplinarverfahren beschleunigt durchzuführen. Grundlegend sind hierbei zwei Aspekte entscheidend:

- Sicherstellung der Ordnungs- und Erziehungsfunktion des Disziplinarrechts bzw. bei schwersten Dienstvergehen auch der Lösungs- und Reinigungsfunktion zum Erfolg zu verhelfen und ordnungsgemäßen Dienstbetrieb wieder zu ermöglichen
- Das Disziplinarverfahren stellt eine erhebliche Belastung für Beamten dar. Im Hinblick auf § 78 BBG (Fürsorgepflicht) sollen Beeinträchtigungen möglichst kurzgehalten werden.

b) Welche spezielle Rechtschutzmöglichkeit für den betroffenen Beamten sieht der Gesetzgeber bei der Durchsetzung des Beschleunigungsgrundsatzes vor?

§ 62 BDG gibt dem Beamten die Möglichkeit, frühestens nach Ablauf von sechs Monaten einen Antrag bei Gericht auf Abschluss des Disziplinarverfahrens zu stellen (Antrag auf gerichtliche Fristsetzung).

Voraussetzung hierbei ist, dass der Dienstherr das Verfahren bis zum Zeitpunkt der Antragstellung nicht abgeschlossen hat und kein zureichender Grund für eine überlange Verfahrensdauer besteht. Sollte ein zureichender Grund für eine überlange Verfahrensdauer nach § 62 II BDG nicht vorliegen, bestimmt in der Folge das Verwaltungsgericht eine Frist zum Abschluss des behördlichen Disziplinarverfahrens. Erfolgt weiterhin kein rechtzeitiger Abschluss des Disziplinarverfahrens innerhalb der gerichtlich bestimmten Frist, wird das Disziplinarverfahren durch Beschluss eingestellt.

Aufgabe 3 (30 %)

a) Ist ein Beamter bei Einleitung eines Disziplinarverfahrens oder im Rahmen von Vorermittlungen dienstlich verpflichtet, an einem Atemalkoholtest mitzuwirken und würde bei Weigerung des Beamten M ein Verstoß gegen die Gehorsamspflicht vorliegen?

Nach dem Grundsatz der verfassungsrechtlich gesicherten Selbstbelastungsfreiheit steht es dem Beamten frei, ob er sich zur Sache einlässt oder nicht (Rechtsstaatsprinzip Art. 20 III GG, Menschenwürde (Art. 1 I GG). Der Beamte ist daher nicht verpflichtet, aktiv disziplinare Ermittlungsmaßnahmen zu unterstützen. Eine entsprechende Anordnung zur Durchführung eines Atemalkoholtests aus disziplinaren Gründen muss daher vom Beamten nicht befolgt werden.[13] Daher liegt in einer Nichtbefolgung auch kein Verstoß gegen die Gehorsamspflicht vor. Der Beamte kann daher nur um freiwillige Mitwirkung an einem Atemalkoholtest, insbesondere zu seiner Entlastung, gebeten werden.

b) Dürfte ein Atemalkoholtest zur Klärung der Dienst- und Einsatzfähigkeit verweigert werden, wenn dabei die Gefahr besteht, dass sich der Beamte auch in einem möglichen Disziplinarverfahren damit belastet? Erläutern Sie hierzu das Problem der „Doppelverwertung".

Bei der Klärung der Dienst- und Einsatzfähigkeit geht es primär nicht um eine disziplinare Ermittlung des Sachverhalts zur Feststellung einer Dienstpflichtverletzung, sondern darum, Zweifel am Vorliegen der Dienstfähigkeit aktiv auszuräumen. Die frühere Rechtsprechung ging daher davon aus, dass ein Beamter pflichtwidrig handelt, wenn er sich vor Übernahme einer verantwortungsvollen Tätigkeit (Herstellung Fahrbereitschaft Dienstfahrzeug, Führen dienstlicher Einsatzmittel inkl. Schusswaffe) weigert, an einem Alkoholtest mitzuwirken, der außerhalb disziplinarer Ermittlungen wegen Zweifel an seiner Dienstfähigkeit angeordnet wird.[14] Demnach wäre der Beamte im Rahmen seiner Folgepflicht hierzu verpflichtet.

Das Ergebnis einer primär zur Klärung der Dienstfähigkeit durchgeführten Atemalkoholanalyse könnte allerdings auch in disziplinarer Hinsicht verwertet werden (Problem der Doppelverwertung).

Es besteht daher die Gefahr, dass aufgrund der bestehenden Folgepflicht bei der Durchführung des Atemalkoholtests ein negatives Ergebnis auch im einzuleitenden Disziplinarverfahren verwertet wird und damit der ursprünglich bestehende im Disziplinarrecht geltende Grundsatz der Selbstbelastungsfreiheit umgangen wird.

---

13 BVerwG, Urteil vom 16.12.1980 – 1 D 129/79 –.

14 Vgl. BVerwG, Urteil vom 10.2.1972 – 1 D 38/71 –.

Nach neuer gerichtlicher Ansicht besteht daher für den Beamten auch bei Überprüfung einer Dienst- und Einsatzfähigkeit keine Pflicht (Folgepflicht) zur Mitwirkung an einem Atemalkoholtest mehr, wenn er eine für ihn nachteilige disziplinare Verwertung im Disziplinarverfahren fürchten muss. Der Beamte ist daher nicht verpflichtet, Angaben zur Sache zu machen, in diesem Fall an einem Atemalkoholtest oder sonst aktiv mitzuwirken, wenn die Maßnahme „Doppelcharakter“ hat und damit zugleich der Untersuchung der aktuellen Dienstfähigkeit dient und er Gefahr läuft, dass das Ergebnis (Regelfall) auch im Disziplinarverfahren verwertet werden soll.[15]

Aufgabe 4 (20 %)

Als Ermittlungsführer in einem Disziplinarverfahren gegen PHM X beabsichtigen Sie, den Zeugen Z mündlich zu vernehmen.

a) Was gilt es, in Bezug auf die mögliche Anwesenheit von X bei der Zeugenvernehmung zu beachten?

Dem X steht ein sogenanntes Beweis- und Teilhaberecht zu. Dieses ergibt sich aus § 24 IV 1 BDG. Damit wird ihm ermöglicht, nicht nur an der Zeugenvernehmung teilzunehmen, sondern auch Fragen zu stellen und damit aktiv auf die Beweiserhebung Einfluss zu nehmen.

b) Nennen und erläutern Sie kurz mögliche Ausnahmen i. S. v. § 24 V BDG

X könnte nur dann von der Vernehmung ausgeschlossen werden, wenn sich nach § 24 IV 2 BDG ein wichtiger Grund ergibt. Als wichtige Gründe nennt das Gesetz die Rücksicht auf den Zweck der Ermittlungen oder den Schutz der Rechte Dritter. Durch die Wortwahl „insbesondere“ ist die Aufzählung allerdings nicht abschließend. Als typische Konstellationen ergeben sich Fälle von Mobbing oder Verfehlungen auf sexueller Basis, bei denen das Opfer als Zeuge im Aussageverhalten nachhaltig und nachteilig durch die Anwesenheit des Täters beeinflusst wird oder die Ehre und Würde des Opfers beeinträchtigt ist.

---

15 Vgl. VG Berlin, Urteil vom 11.3.2014 – 80 K 50.11 OL; *Hummel* in Hummel/Köhler/Mayer, BDG, B.II.5, S. 195 Rn. 9.

c) Unterstellt, X würde sich im Rahmen einer zeugenschaftlichen Vernehmung von Z durch seinen Rechtsanwalt L vertreten lassen.

Einen Ausschluss des Bevollmächtigten sieht der Gesetzeswortlaut in § 24 IV 2 BDG nicht vor.

Dem Rechtsanwalt als Bevollmächtigten kann man die Teilnahme an der Zeugenvernehmung nach § 24 IV BDG regelmäßig nicht verbieten, da es an einer persönlichen Beziehung zwischen dem Zeugen und dem Bevollmächtigten und damit an einem in der Person des Beamten liegenden Grund fehlt. Auch der Schutz des Betroffenen im Rahmen des Anspruchs auf rechtliches Gehör wäre mit einem Ausschluss des Bevollmächtigten nicht vereinbar.

E. Problemschwerpunkt: Aussetzung des behördlichen Disziplinarverfahrens

In vielen Klausuren zum formellen Disziplinarrecht begegnet Ihnen das Thema der Aussetzung des behördlichen Disziplinarverfahrens. Insofern ist es zunächst wichtig, den Hintergrund der Aussetzung zu verstehen. Die Problematik der Aussetzung spielt regelmäßig in den Klausuren dann eine Rolle, wenn Strafverfahren und behördliches Disziplinarverfahren zusammentreffen.

I. Gesetzliche Grundlagen der Aussetzung des behördlichen Disziplinarverfahrens

Folgende gesetzliche Regelungen sind beim Thema Aussetzung im behördlichen Disziplinarverfahren zu berücksichtigten und greifen daher ineinander:

§ 22

Zusammentreffen von Disziplinarverfahren mit Strafverfahren oder anderen Verfahren, Aussetzung

(1) Ist gegen den Beamten wegen des Sachverhalts, der dem Disziplinarverfahren zugrunde liegt, im Strafverfahren die öffentliche Klage erhoben worden, wird das Disziplinarverfahren ausgesetzt. Die Aussetzung unterbleibt, wenn keine begründeten Zweifel am Sachverhalt bestehen oder wenn im Strafverfahren aus Gründen nicht verhandelt werden kann, die in der Person des Beamten liegen.

(2) Das nach Absatz 1 Satz 1 ausgesetzte Disziplinarverfahren ist unverzüglich fortzusetzen, wenn die Voraussetzungen des Absatzes 1 Satz 2 nachträglich eintreten, spätestens mit dem rechtskräftigen Abschluss des Strafverfahrens.

(3) Das Disziplinarverfahren kann auch ausgesetzt werden, wenn in einem anderen gesetzlich geordneten Verfahren über eine Frage zu entscheiden ist, deren Beurteilung für die Entscheidung im Disziplinarverfahren von wesentlicher Bedeutung ist. Absatz 1 Satz 2 und Absatz 2 gelten entsprechend.

§ 23
Bindung an tatsächliche Feststellungen aus Strafverfahren oder anderen Verfahren

(1) Die tatsächlichen Feststellungen eines rechtskräftigen Urteils im Straf- oder Bußgeldverfahren oder im verwaltungsgerichtlichen Verfahren, durch das nach § 9 des Bundesbesoldungsgesetzes über den Verlust der Besoldung bei schuldhaftem Fernbleiben vom Dienst entschieden worden ist, sind im Disziplinarverfahren, das denselben Sachverhalt zum Gegenstand hat, bindend.

(2) Die in einem anderen gesetzlich geordneten Verfahren getroffenen tatsächlichen Feststellungen sind nicht bindend, können aber der Entscheidung im Disziplinarverfahren ohne nochmalige Prüfung zugrunde gelegt werden.

§ 21
Pflicht zur Durchführung von Ermittlungen, Ausnahmen

(1) Zur Aufklärung des Sachverhalts sind die erforderlichen Ermittlungen durchzuführen. Dabei sind die belastenden, die entlastenden und die Umstände zu ermitteln, die für die Bemessung einer Disziplinarmaßnahme bedeutsam sind. Der höhere Dienstvorgesetzte und die oberste Dienstbehörde können die Ermittlungen an sich ziehen.

(2) Von Ermittlungen ist abzusehen, soweit der Sachverhalt auf Grund der tatsächlichen Feststellungen eines rechtskräftigen Urteils im Straf- oder Bußgeldverfahren oder im verwaltungsgerichtlichen Verfahren, durch das nach § 9 des Bundesbesoldungsgesetzes über den Verlust der Besoldung bei schuldhaftem Fernbleiben vom Dienst entschieden worden ist, feststeht. Von Ermittlungen kann auch abgesehen werden, soweit der Sachverhalt auf sonstige Weise aufgeklärt ist, insbesondere nach der Durchführung eines anderen gesetzlich geordneten Verfahrens.

> **Fallbeispiel:** *Gegen einen Beamten wurde wegen Diebstahls nach § 242 StGB ein staatsanwaltschaftliches Ermittlungsverfahren eingeleitet. Die zuständige Staatsanwaltschaft übersendet deshalb gemäß § 115 IV BBG die Ermittlungsakte an den Dienstvorgesetzten des Beamten. Der Dienstvorgesetzte muss nunmehr entscheiden, ob und nach welcher Regelung das einzuleitende Disziplinarverfahren ausgesetzt wird.*

II. Sinn und Zweck der Aussetzung

Aufgrund der Besonderheit, dass gegen Beamte bei Verstößen gegen strafrechtliche Normen auch gleichzeitig Dienstpflichtverletzungen im Raum stehen, ergibt sich aus der Fürsorgepflicht des Dienstherrn der Schutz des Beamten, sich nicht gleichzeitig in mehreren Verfahren verteidigen zu müssen. Die Struktur eines Dienstvergehens ist prinzipiell die gleiche wie die einer Straftat. Beide setzen objektiv die Verletzung einer Pflicht und subjektiv das Verschulden des Beamten voraus. Für den Fall, dass in dem Verstoß gegen strafrechtliche Normen auch gleichzeitig eine Dienstpflichtverletzung begründet ist, sollen widersprüchliche Entscheidungen im Straf- und Disziplinarverfahren vermieden werden. Auch bietet das Strafverfahren bei der Aufklärung des Sachverhalts grundsätzlich bessere Möglichkeiten der Sachaufklärung. Vergleicht man die Ermittlungsbefugnisse im Strafverfahren mit denen des Bundesdisziplinargesetzes, ergibt sich, dass die StPO z. B. ein deutliches Mehr an Befugnissen regelt als das BDG. Aufgrund der Sachverhaltsidentität sollen zudem widersprüchliche Entscheidungen zwischen Straf- und Disziplinarverfahren vermieden werden. Aus diesem Grund können letztlich auch Doppelermittlungen im Disziplinarverfahren vermieden werden. Denn warum sollte grundsätzlich ein Geschehen, welches gleichzeitig einen Verstoß gegen strafrechtliche Normen und Dienstpflichten darstellt, mehrmals aufgeklärt und damit doppelt ermittelt werden, wenn es die Möglichkeit gibt, Ergebnisse aus dem Strafverfahren auch für das Disziplinarverfahren zu verwerten? An dieser Stelle wird natürlich auch der Beschleunigungsgrundsatz aus § 4 BDG eine Rolle spielen.

> ***Hinweis:*** *Machen Sie sich immer bewusst, dass zwei parallel laufende Verfahren (Straf- und Disziplinarverfahren) besonders belastend für den Beamten sind. Durch die Möglichkeit der Aussetzung des Disziplinarverfahrens und der späteren Übernahme von Ergebnissen des Strafverfahrens für das Disziplinarverfahren kann das behördliche Disziplinarverfahren grundsätzlich auch zeitnah abgeschlossen werden, wodurch die Belastungen für den Betroffenen unter dem Aspekt der beschleunigten Bearbeitung minimiert werden.*

Zusammenfassend lässt sich daher folgender Sinn und Zweck der gesetzlichen Aussetzung nach §§ 22 ff. BDG erkennen:

- Widersprüchliche Entscheidungen im Straf- und Disziplinarverfahren vermeiden.
- Schutz des Beamten davor, sich nicht in mehreren Verfahren gleichzeitig verteidigen zu müssen.
- Vorrang des Strafverfahrens wegen besserer Möglichkeiten der Sachaufklärung.
- Vermeidung von Doppelermittlungen.

III. Zwingende und fakultative Aussetzung nach dem BDG

Die gesetzlichen Vorschriften unterscheiden zwei Arten von Aussetzungen nach dem Bundesdisziplinargesetz: Zum einen die zwingende Aussetzung nach § 22 I BDG und zum anderen die fakultative Aussetzung nach § 22 III BDG.

1. Zwingende Aussetzung, § 22 I BDG

§ 22 I BDG regelt die sogenannte zwingende Aussetzung (auch obligatorische Aussetzung). Besteht demnach zwischen dem strafbaren Verhalten und der möglichen Dienstpflichtverletzung Sachverhaltsidentität, muss im Fall der Erhebung der öffentlichen Klage das Disziplinarverfahren ausgesetzt werden (§ 22 I BDG: *„...**wird** das Disziplinarverfahren ausgesetzt“).* Dem zuständigen Dienstvorgesetzten, der neben der Einleitung des Disziplinarverfahrens nach § 17 I BDG auch über die Aussetzung entscheidet, wird **kein Ermessen** eingeräumt.

Nach der Regelung der zwingenden Aussetzung ist diese mit der *„Erhebung der öffentlichen Klage im Strafverfahren“* nach § 170 I StPO verknüpft. Wie bereits oben genannt, sind das Strafverfahren und das Disziplinarverfahren bei Sachverhaltsidentität eng miteinander verknüpft. Um nun das Prinzip der zwingenden Aussetzung zu verstehen, muss an das Ende des Strafverfahrens gedacht werden. Mit Erhebung der öffentlichen Klage beginnt im Strafprozess das Zwischenverfahren. Hier entscheidet das Gericht, ob das Hauptverfahren eröffnet wird oder ein Verfahren einzustellen ist. Für das Fall, dass das Hauptsacheverfahren eröffnet wird, muss die Anklage der Staatsanwaltschaft zugelassen werden und ein Termin zur Durchführung der Hauptverhandlung bestimmt werden (§§ 199 ff., 213 StPO).

Die anschließende Hauptverhandlung ist gerade dadurch geprägt, dass sie grundsätzlich öffentlich stattfindet und unter Anwesenheit des Gerichts, der Staatsanwaltschaft und der Verteidigung der angeklagte Sachverhalt auf dessen juristische Richtigkeit unter Maßgabe gültiger Verfahrensgrundsätze und Beweiserhebungsmöglichkeiten überprüft werden kann. Entscheidend ist dabei, dass das Gericht am Ende der Hauptverhandlung nur dann verurteilen kann, wenn es „eine Überzeugung" gewonnen hat. Dies bedeutet, dass das Gericht keine vernünftigen Zweifel mehr an der Schuld des Angeklagten haben darf. Die Überzeugung des Gerichts stellt demnach die höchste Stufe des Tatverdachts dar, welche letztlich einzig maßgeblich für eine Verurteilung ist.

Kommen wir zurück zum Disziplinarverfahren: Die zwingende Aussetzung nach § 22 I BDG soll dazu dienen, dem Gericht für ein Urteil eine Überzeugung zu ermöglichen und damit möglichen Widersprüchen zwischen der Feststellung strafbaren Verhaltens und der Dienstpflichtverletzung von Anfang an entgegenzuwirken.

> ***Merke:*** *Widersprüchliche Entscheidungen zwischen Straf- und Disziplinarverfahren sollen vermieden werden!*

An dieser Stelle knüpfen nunmehr die weiteren Normen der Aussetzung an, um dieses Ziel nicht zu gefährden. Nach Abschluss des Strafverfahrens wird zunächst das Disziplinarverfahren nach § 22 II BDG fortgesetzt. Jetzt bestimmt § 23 I BDG, dass die tatsächlichen Feststellungen eines rechtskräftigen **Urteils** im Strafverfahren (…) im Disziplinarverfahren, das denselben Sachverhalt zum Gegenstand hat, **bindend sind**.

Entscheidend ist demzufolge, dass nach rechtskräftigem Abschluss des Strafverfahrens **durch ein Urteil** die dort getroffenen Feststellungen auf Tatbestands-, Rechtsfertigungs- und Schuldebene auch für das Disziplinarverfahren bindend, d. h. zu übernehmen sind. Hierzu passt thematisch auch die Norm des § 21 II 1 BDG, der in derartigen Fällen die Durchführung von eigenen Ermittlungen im Disziplinarverfahren untersagt (§ 21 II 1 BDG

*„Von Ermittlungen **ist abzusehen**, soweit der Sachverhalt auf Grund der tatsächlichen Feststellungen eines rechtskräftigen **Urteils** (...) entschieden worden ist“).*

> ***Merke:*** *§§ 22 I BDG – 23 I BDG – 21 II 1 BDG gehören zusammen und sind Teil der zwingenden Aussetzung.*

> **Klausurhinweis:** Zum Erkennen der zwingenden Aussetzung und der Frage, ob Feststellungen aus dem Strafverfahren auch Bindungswirkung für das Disziplinarverfahren entfalten und folglich eigene Ermittlungen durchgeführt werden dürfen, suchen Sie nach Signalwörtern wie „Anklageerhebung“ „rechtskräftiges Urteil“.

2. Fakultative Aussetzung, § 22 III BDG

§ 22 III BDG regelt die fakultative Aussetzung. Durch die Formulierung im Gesetz *„Das Disziplinarverfahren **kann** auch **ausgesetzt werden** (...)“* wird dem Dienstvorgesetzten bei der Frage, ob er das Disziplinarverfahren aussetzt, ein Ermessen eingeräumt. Denken Sie an dieser Stelle wieder an den Sinn und Zweck der Aussetzung: Unterschiedliche Ergebnisse im Straf- und Disziplinarverfahren sollen gerade verhindert werden, wenn beiden Verfahren der gleiche Sachverhalt zugrunde liegt.

Insofern stellt sich die Frage nach der wesentlichen Bedeutung des Strafverfahrens für das Disziplinarverfahren.

Hierbei ist die entscheidende Frage, ob Feststellungen aus den anderen Verfahren für die Tatbestandsmäßigkeit, Rechtswidrigkeit und Schuld der aufzuklärenden Dienstpflichtverletzung eine Relevanz haben (Vorgreiflichkeit des anderen Verfahrens).

Fallbeispiel:

Gegen einen Beamten wird ein strafrechtliches Ermittlungsverfahren wegen einer außerdienstlichen Trunkenheit im Verkehr (§ 316 StGB) eingeleitet. Die zuständige Staatsanwaltschaft teilt dem Dienstvorgesetzten über § 115 IV BBG die Einleitung des Strafverfahrens mit. Der strafrechtliche Verstoß der Trunkenheit im Verkehr stellt gleichzeitig auch einen Verstoß gegen die Wohlverhaltensklausel (§ 61 I 3 BBG) dar.

Der Dienstvorgesetzte muss nunmehr ein Disziplinarverfahren nach § 17 I BDG einleiten, gleichzeitig hat er aber die Möglichkeit, das Disziplinarverfahren nach § 22 III BDG auszusetzen, um Erkenntnisse aus dem Strafverfahren auch für das Disziplinarverfahren und damit für die Aufklärung der Dienstpflichtverletzung zu nutzen.

Ausgehend von dem Fallbeispiel könnten das Ergebnis der Blutentnahme sowie die Zeugenaussagen der anhaltenden Polizeibeamten über die Fahreigenschaft und den Ort der Kontrolle (öffentlicher Verkehrsraum) auch relevant für die Feststellung der Wohlverhaltenspflicht sein. Aus diesem Grund bestimmt § 23 II BDG: „*Die in einem* **anderen gesetzlich geordneten Verfahren** *getroffenen tatsächlichen Feststellungen* ***sind nicht bindend, können aber der Entscheidung im Disziplinarverfahren ohne nochmalige Prüfung zugrunde gelegt werden.*** “

Beim Zusammentreffen von Straf- und Disziplinarverfahren stellen die anderen gesetzlich geordneten Verfahren i. S. v. §§ 22 III, 23 II und § 21 II 2 BDG typischerweise das Ermittlungsverfahren und das Strafbefehlsverfahren dar.

Dies hat dann zur Folge, dass eigene Ermittlungen und damit Doppelermittlungen nicht mehr geführt werden müssen, wenn die Dienstpflichtverletzung durch die Ermittlungen im Strafverfahren als aufklärt betrachten werden können. Hierzu bestimmt § 21 II 2 BDG: „*Von Ermittlungen* ***kann*** *auch* ***abgesehen werden****, soweit der Sachverhalt auf sonstige Weise aufgeklärt ist, insbesondere nach der Durchführung eines* ***anderen gesetzlich geordneten Verfahrens****.* “

> ***Merke:*** *§§ 22 III BDG – 23 II BDG – 21 II 2 BDG gehören zusammen und sind Teil der fakultativen Aussetzung.*

> **Klausurhinweis:** Zum Erkennen der fakultativen Aussetzung und der Frage, ob Feststellungen aus dem Strafverfahren auch für das Disziplinarverfahren genutzt werden können und folglich eigene Ermittlungen durchgeführt werden müssen, suchen Sie nach Signalwörtern wie „Ermittlungsverfahren“ oder „Strafbefehl“.

3. Fakultative Aussetzung im Strafbefehlsverfahren

In vielen Klausuren taucht im Zusammenhang mit der Thematik der Aussetzung auch das Strafbefehlsverfahren auf. Das Strafbefehlsverfahren ist ein Verfahren vor dem Amtsgericht, in welchem das Gericht ohne Hauptverhandlung entscheidet. Der **Erlass** eines **Strafbefehls wird von der Staatsanwaltschaft beim Gericht beantragt**. Es handelt sich hierbei um ein sogenanntes „summarisches Verfahren", bei welchem die Schuld des Beschuldigten nicht zur Überzeugung des Gerichts feststehen muss (im Gegensatz zur Entscheidung durch Urteil). Vielmehr ist es schon ausreichend, wenn die Schuld des Beschuldigten wahrscheinlich ist. Da grundsätzlich beim Strafbefehlsverfahren keine Hauptverhandlung stattfindet, an deren Ende gewöhnlicherweise ein Urteil steht und damit eine Überzeugung von der Schuld des Täters gewonnen werden muss, dient das Strafbefehlsverfahren auch verfahrensökonomisch der vereinfachten Erledigung einfach gelagerter kleinerer Straftaten.

> ***Hinweis:*** *An dieser Stelle sehen Sie den Unterschied zum Strafurteil. Das Gericht bildet im Strafbefehlsverfahren gerade keine „Überzeugung". Mangels dieser Überzeugung sind demnach auch die im Strafbefehl getroffenen Feststellungen* ***nicht*** *bindend. Zwar steht ein rechtskräftiger Strafbefehl einem Urteil strafprozessrechtlich und vollstreckungsrechtlich gleich (vgl. § 410 III StPO). Dienstrechtlich darf diese Wertung allerdings nicht übernommen werden. D.h. wenn im BDG von „Urteil" die Rede ist, sind auch nur Urteile gemeint und keine Strafbefehle. Dasselbe gilt hinsichtlich des Begriffs „Öffentliche Klage/Anklage".*

Dies gilt aber nicht für die Bindungswirkung im Disziplinarverfahren. Grund hierfür ist das lediglich summarische Prüfungsverfahren des Gerichts. Begegnet Ihnen daher der Strafbefehl zusammen mit der Thematik der Aussetzung, müssen Sie daran denken, dass der Strafbefehl im Bereich des Disziplinarrechts nicht gleichgestellt wird mit einem Urteil!

Wie begegnet Ihnen nun der Strafbefehl in den Klausuren? Folgende ausgewählte Konstellationen sind im Hinblick auf die Frage nach der Aussetzung (zwingend oder fakultativ) denkbar:

Antrag auf Erlass eines Strafbefehls

➔ Fakultative Aussetzung nach § 22 III BDG; anderes gesetzlich geordnetes Verfahren

Strafbefehl ist **keine Anklageerhebung**

Antrag auf Erlass eines Strafbefehls; Strafbefehl wird rechtskräftig.

➔ Fakultative Aussetzung § 22 III BDG, keine Bindungswirkung § 23 II BDG, eigene Ermittlungen möglich § 21 II 2 BDG

Rechtskräftiges Urteil nach Einlegung Rechtsmittel gegen Strafbefehl und durchgeführte Hauptverhandlung

➔ Zwingende Aussetzung bei Durchführung Hauptverhandlung, Bindungswirkung aufgrund Urteils § 23 I BDG, keine eigenen Ermittlungen möglich § 21 II 1 BDG

Sollte der Strafbefehl bei Ihnen in der Klausur eine Rolle spielen, empfiehlt es sich auch hier, nach Signalwörtern, wie oben dargestellt, zu suchen. Für die Frage der Bindungswirkung und dem Verbot eigener Ermittlungen im Disziplinarverfahren ist immer entscheidend, ob ein Urteil nach vorausgegangener Hauptverhandlung vorliegt.

F. Problemschwerpunkt: Übermittlungen der Strafverfolgungsbehörden

Gemäß § 17 I 1 BDG trifft den Dienstvorgesetzten die besondere Pflicht, ein Disziplinarverfahren einzuleiten, wenn tatsächliche Anhaltspunkte eine hinreichende Wahrscheinlichkeit im Sinne eines Anfangsverdachts begründen, dass ein bestimmter Beamter ein Dienstvergehen i. S. d. § 77 I BBG begangen hat. Diese tatsächlichen Anhaltspunkte können auf verschiedenen Wegen zum Dienstvorgesetzten gelangen. Neben der eigenen Wahrnehmung, Hinweisen von Kollegen, Dritten oder des betroffenen Beamten selbst müssen bzw. können derartige Informationen auch durch die Strafverfolgungsbehörden übermittelt werden. Die einschlägige Rechtsgrundlage hierfür ist § 115 BBG. Adressat dieser Vorschrift sind Gerichte und Staatsanwaltschaften (s. Anordnung über Mitteilungen in Strafsachen [MiStra] Nr. 15 III 4). Ohne Anordnung der Staatsanwaltschaft dürfen daher z. B. Polizeidienststellen keine Informationen über laufende strafrechtliche Ermittlungsverfahren gegen Polizeivollzugsbeamte an andere Polizeidienststellen übermitteln, um dort dienstrechtliche oder disziplinarrechtliche Schritte zu ermöglichen. Adressat der übermittelten Informationen ist stets der zuständige Dienstvorgesetzte oder dessen Vertreter im Amt, § 115 VI BBG.

I. Zwingende Übermittlung bei Anklageerhebung, § 115 I, II BBG

Ist gegen einen Polizeivollzugsbeamten des Bundes im Strafverfahren Anklage erhoben worden, besteht für Gerichte und Staatsanwaltschaften die Pflicht, die für die Ergreifung dienstrechtlicher Maßnahmen wesentlichen Informationen an den zuständigen Dienstvorgesetzten zu übermitteln. Hierzu gehören nach § 115 I 1 BBG insbesondere:

- die Anklageschrift oder eine an ihre Stelle tretende Antragsschrift,
- der Antrag auf Erlass eines Strafbefehls und
- die einen Rechtszug abschließende Entscheidung mit Begründung.

Darüber hinaus sind ggf. eingelegte Rechtsmittel oder Haft- bzw. Unterbringungsbefehle mitzuteilen, § 115 I 2, 3 BBG.

Da § 115 II BBG eine spezielle Regelung für Verfahren wegen fahrlässig begangener Straftaten enthält, gilt – obwohl dort nicht ausdrücklich erwähnt – § 115 I BBG nur für Verfahren wegen vorsätzlich begangener Straftaten.

Gilt § 115 I BBG bei Vorsatztaten einschränkungslos, so besteht eine Übermittlungspflicht bei Fahrlässigkeit nach § 115 II BBG nur unter bestimmten Voraussetzungen. Erkenntnisse über Fahrlässigkeitstaten dürfen nur übermittelt werden, wenn

1. es sich um schwere Verstöße handelt, namentlich Vergehen der Trunkenheit im Straßenverkehr oder der fahrlässigen Tötung, oder
2. in sonstigen Fällen die Kenntnis der Daten aufgrund der Umstände des Einzelfalls erforderlich ist, um zu prüfen, ob dienstrechtliche Maßnahmen zu ergreifen sind.

Dabei ist zu beachten, dass dienstrechtliche Maßnahmen i. S. d. § 115 II Nr. 2 BBG keineswegs disziplinarrechtliche Maßnahmen sein müssen. Vielmehr kommen hier alle Maßnahmen in Betracht, welche das konkrete Dienstverhältnis betreffen – zusätzlich zu Disziplinarmaßnahmen z. B. Umsetzung, Versetzung oder eine (vorübergehende) Zuweisung anderer Aufgaben. Weiterhin genügt es, wenn die Kenntnis der Daten erforderlich ist, um die Erforderlichkeit einer derartigen Maßnahme zu prüfen. Im Ergebnis muss also überhaupt keine dienstrechtliche Maßnahme getroffen werden bzw. notwendig erscheinen; allein der Anlass zur Prüfung genügt.

Aus den genannten Umständen ergibt sich, dass die einschränkende Voraussetzung des § 115 II Nr. 2 BBG bei Fahrlässigkeitstaten von Polizeivollzugsbeamten – im Unterschied zu anderen Beamten – praktisch immer gegeben ist. Beim Verdacht einer Straftat besteht zumindest immer Anlass zur Prüfung, ob der betroffene Beamte vorübergehend andere Aufgaben erhalten oder auf einen anderen Dienstposten umgesetzt werden soll – auch wenn die Prüfung im Nachhinein ergibt, dass keine dienstrechtlichen Maßnahmen notwendig sind. Dies ergibt sich aus der besonderen Aufgabe von Polizeivollzugsbeamten zur Prävention und Aufklärung von Straftaten.

II. Übermittlungsmöglichkeit vor Anklageerhebung, § 115 IV BBG

Während die Strafverfolgungsbehörden zum Zeitpunkt der Anklageerhebung gegen einen Bundesbeamten nach § 115 I, II BBG die Pflicht zur Übermittlung relevanter Informationen an den Dienstvorgesetzten haben, besteht vor Anklageerhebung nach § 115 IV BBG die Möglichkeit, den Dienstvorgesetzten in Kenntnis zu setzen. Die Übermittlung vor Anklageerhebung liegt in diesem Fall im pflichtgemäßen Ermessen der Justizbehörden.

Bei der Ermessensentscheidung zur Übermittlung wird insbesondere berücksichtigt, inwieweit die Erkenntnisse für dienstrechtliche Maßnahmen gegen einen Beamten erforderlich und schutzwürdige Interessen des Beamten betroffen sind, vgl. § 115 IV 1 BBG. Dabei ist die Kenntnis der Daten – wie bei der Übermittlung nach § 115 II Nr. 2 BBG – bereits dann erforderlich, wenn diese Anlass zur Prüfung bieten, ob dienstrechtliche Maßnahmen zu ergreifen sind, § 115 IV 2 BBG. Daraus folgt, dass eine Übermittlung vor Anklageerhebung bei Polizeivollzugsbeamten regelmäßig zu erwarten ist. Nur in seltenen Ausnahmefällen stehen schutzwürdige Interessen des Beamten entgegen, z. B. wenn die relevanten Informationen zu möglichen Steuerstraftaten unter das Steuergeheimnis fallen.

In zeitlicher Hinsicht geht es bei § 115 IV BBG insbesondere um die Phase des strafrechtlichen Ermittlungsverfahrens ab Anfangsverdacht bis zur Anklageerhebung bzw. Einstellung. Darüber hinaus kommen allerdings auch aus Rechtsgründen nicht eingeleitete Ermittlungsverfahren in Betracht, z. B. nach einer strafbefreienden steuerrechtlichen Selbstanzeige.

G. Überblick zum Dienstrechtsänderungsgesetz 2023 (DRÄndG)

Bundesinnenministerin Faeser hat zu Beginn des Jahres 2023 einen Gesetzentwurf in den Bundestag eingebracht, der im Kern zum Ziel hat, Disziplinarverfahren zu beschleunigen, um insbesondere Verfassungsfeinde schneller aus dem Staatsdienst entfernen zu können. Nach einer längeren inhaltlichen Auseinandersetzung wurde das „Gesetz zur Beschleunigung von Disziplinarverfahren in der Bundesverwaltung und zur Änderung weiterer dienstrechtlicher Vorschriften am 22. Dezember 2023 im Bundesgesetzblatt verkündet (BGBl. I Nr. 389). Es enthält insgesamt neun Artikel, von denen Art. 1 (Änderung des BDG) und Art. 6 Ziff. 2 (Ergänzung des § 41 BBG) von besonderer Bedeutung für das Disziplinarrecht sind. Das DRÄndG tritt am 1. April 2024 in Kraft.

Die wichtigsten Änderungen im Überblick:

1. Änderung des § 41 BBG: § 41 I 1 Nr. 2 BBG wird um den Tatbestand der Volksverhetzung (§ 130 StGB) ergänzt. Bei einer entsprechenden rechtskräftigen strafgerichtlichen Verurteilung führt also schon eine Freiheitsstrafe von sechs Monaten (und nicht einem Jahr, vgl. § 41 I 1 Nr. 1) zum Verlust der Beamtenrechte kraft Gesetzes.

2. Änderung des § 13 BDG: Ein weiteres wesentliches Anliegen der Gesetzesänderung ist es, im Zusammenhang mit der Ausweitung der behördlichen Disziplinarbefugnis die Voraussetzungen für die Verhängung von Disziplinarmaßnahmen für die Disziplinarbehörden klarer zu fassen und abzustufen. Hierzu fungiert § 13 II BDG n. F. als Orientierungsrahmen, dessen flexible und abstrakte Kriterien im Laufe der praktischen Anwendung weiter an Kontur gewinnen sollen, wodurch eine einheitliche Handhabung des Disziplinarrechts ermöglicht werden kann. Unverändert bestehen bleiben die drei grundlegenden Bemessungskriterien „Schwere des Dienstvergehens", „Vertrauensbeeinträchtigung" und „Persönlichkeitsbild". Sie werden allerdings im neu geschaffenen zweiten Absatz konkretisiert. So wird das Kriterium der Schwere des Dienstvergehens in die drei Schweregrade „leichtes", „mittelschweres" und „schweres" Dienstvergehen ausdifferenziert. Für das Kriterium der Vertrauensbeeinträchtigung werden in Anlehnung an

die fünf möglichen Disziplinarmaßnahmen für aktive Beamte auch fünf Abstufungen vorgenommen: Neben einer „geringfügigen“, „nicht nur geringfügigen“ und „erheblichen“ Vertrauensbeeinträchtigung fordert der Gesetzgeber für die beiden statusrelevanten Maßnahmen eine nachhaltige Erschütterung des Vertrauens bzw. den endgültigen Vertrauensverlust. Das Persönlichkeitsbild bleibt auch nach neuem Recht als übergreifender Bemessungsgesichtspunkt zu berücksichtigen, der sich sowohl auf die gesetzlich vorgesehenen Bemessungsgesichtspunkte der einzelnen Disziplinarmaßnahmen als auch auf das Ermessen auswirken kann.

3. Änderung der §§ 33, 34 BDG: §§ 33, 34 BDG werden dahingehend geändert, dass nicht mehr zwischen Disziplinarverfügung und Disziplinarklage unterschieden wird. Vielmehr wird das Instrument der Disziplinarklage abgeschafft, sodass nunmehr sämtliche Disziplinarmaßnahmen – also auch die Zurückstufung und die Entfernung aus dem Beamtenverhältnis – nach § 33 BDG durch Disziplinarverfügung erlassen werden können.

4. Änderungen der §§ 15, 16 BDG: Bei den Verjährungs- und Verwertungsregelungen der §§ 15, 16 BDG gelten fortan besondere Fristen, wenn dem Dienstvergehen ein Verstoß gegen die Verfassungstreuepflicht nach § 60 I 3 BBG oder das Mäßigungs- und Zurückhaltungsgebot nach § 60 II BDG zugrunde liegt: Das Maßnahmeverbot wegen Zeitablaufs verlängert sich dann in Bezug auf den Verweis von zwei auf vier Jahre, in Bezug auf die Geldbuße oder die Kürzung der Bezüge von drei auf sechs Jahre und in Bezug auf die Zurückstufung von sieben auf acht Jahre. Mit Blick auf das Verwertungsverbot nach § 16 I 2 BDG gelten diese Fristen entsprechend.

Röger

Das behördliche Disziplinarverfahren nach dem Bundesdisziplinargesetz

Wird ein Beamter verdächtigt, ein Dienstvergehen begangen zu haben, so ist sein Vorgesetzter verpflichtet, ein Disziplinarverfahren einzuleiten. Vor diesem Hintergrund sind solide Kenntnisse über den Ablauf des behördlichen Disziplinarverfahrens unverzichtbar. Dieses Lehrbuch erläutert die einzelnen Verfahrensschritte des behördlichen Disziplinarverfahrens und die ihnen zugrunde liegenden rechtlichen Grundlagen und ermöglicht Studierenden den Zugang zu der prüfungsrelevanten Materie.

2. Auflage 2020, 282 Seiten, Softcover, ISBN 978-3-8293-1459-6, 32 €

Borsdorff | Kastner | Deyda

Gesetzessammlung für die Bundespolizei

Die Gesetzessamlung enthält alle für das Studium relevanten Rechtsvorschriften in einem Band. Die alphabetische Gliederung des Werks, das Inhalts- und Stichwortverzeichnis sowie die praktische Schnellübersicht aller enthaltenen Rechtsquellen auf der Buchrückseite garantieren die Benutzerfreundlichkeit des Werkes.

15. Auflage 2022, 2.488 Seiten, Hardcover,
ISBN 978-3-8293-1776-4, 75 €

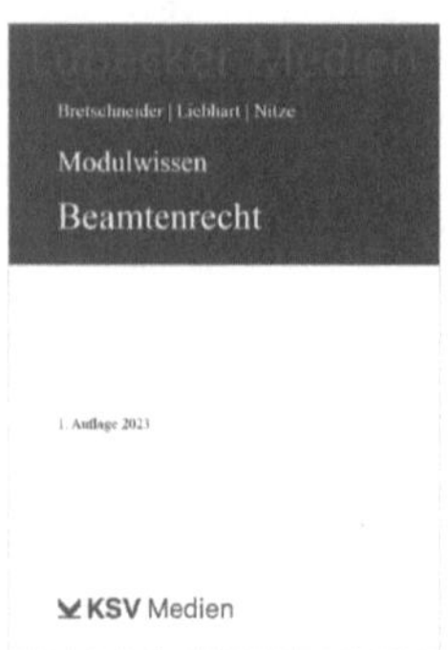

Bretschneider | Liebhart | Nitze

MODULWISSEN Beamtenrecht

2023, Softcover,
174 Seiten, 25 €,
ISBN 978-3-8293-1757-3

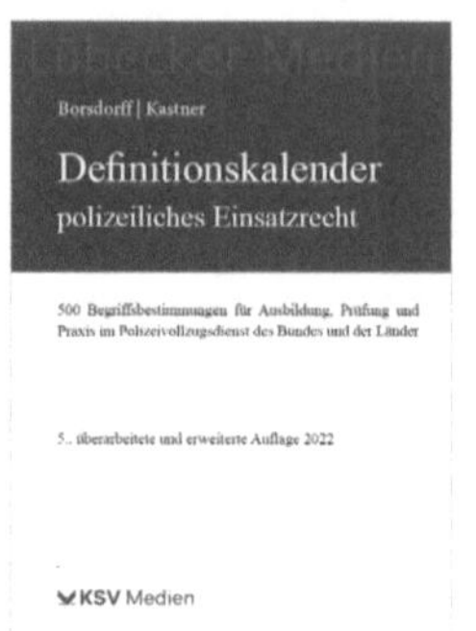

Borsdorff | Kastner

Definitionskalender polizeiliches Einsatzrecht

5. Auflage 2022, Softcover,
500 Seiten, 25 €,
ISBN 978-3-8293-1826-6

Vinzentius

EFPO - English for Federal Police Officers

2021, Softcover,
132 Seiten, 35 €,
ISBN 978-3-8293-1687-3

Borsdorff | Deyda | Maier

Luftsicherheit für die Bundespolizei

2. Auflage 2024, Softcover,
ca. 450 Seiten, 40 €,
ISBN 978-3-8293-1323-0

Borsdorff | Kastner

Entscheidungssammlung für die Polizei

2020, Softcover,
232 Seiten, 39 €,
ISBN 978-3-8293-1306-3

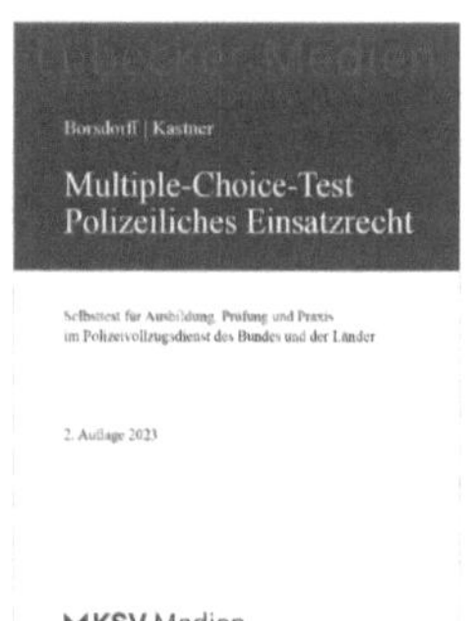

Borsdorff | Kastner

Multiple-Choice-Test Polizeiliches Einsatzrecht

2. Auflage 2022, Softcover,
286 Seiten, 32 €,
ISBN 978-3-8293-1850-1